연세 한국어

활용연습 6-2

연세대학교 한국어학당 편

연세대학교 대학출판문화원

연세 한국어
활용연습 6-2

편저자 연세대학교 한국어학당 교재편찬위원회
집필진 전나영 · 오경진 · 김영희 · 권민정
펴낸곳 연세대학교 대학출판문화원

주소 서울시 서대문구 연세로 50
전화 2123-3380~2
팩스 2123-8673
e-mail : ysup@yonsei.ac.kr
http://www.yonsei.ac.kr/press

등록 1955년 10월 13일 제9-60호
인쇄 (주)화신문화
녹음 MS미디어
성우 윤미나 · 전광주

2013년 3월 5일 1판 1쇄　　2019년 9월 25일 1판 4쇄
ISBN 978-89-6850-017-6(08710)
ISBN 978-89-6850-015-2(세트)

값 **15,000**원(CD포함)

일러두기

- 〈연세 한국어 활용연습 6〉은 고급 학습자용 한국어 교재인 〈연세 한국어 6〉을 보다 효율적으로 학습해 나갈 수 있도록 하기 위해 개발되었다.
- 〈연세 한국어 활용연습 6〉은 총 10과로 이루어져 있으며, 각 과는 3개의 항으로 구성되어 있다.
- 각 과의 1항과 2항은 어휘 연습과 문법 연습으로 구성하여 〈연세 한국어 6〉에 나온 본문의 새 어휘와 주제 관련 어휘 그리고 문법을 충분히 연습할 수 있도록 하였다.
- 어휘 및 문법 연습은 기계적인 방식을 지양하고 가능한 한 유의미한 맥락이나 담화 상황 내에서의 연습이 함께 이루어질 수 있도록 구성하였다.
- 각 과의 3항은 주제 관련 통합 과제 형태의 연습 2개로 구성되어 있다. 각각의 연습은 듣기나 읽기 텍스트를 이해하는 활동으로 시작하여 말하기나 쓰기를 통한 표현 활동으로 마무리하도록 구성되어 있다. 듣기와 읽기 지문은 다양한 분야의 내용으로 구성해 학습자들의 흥미를 끌 수 있도록 구성하였다.
- 각 과가 끝날 때마다 한국어능력 향상에 도움이 될 수 있도록 속담, 관용어, 한자성어, 접두사, 접미사를 뜻풀이, 예문, 연습 문제와 함께 제시하였다.
- 제5과와 제10과의 다음에는 각각 어휘와 문법의 복습문제를 구성해 배운 내용을 정리할 수 있도록 하였다.
- 학습자들의 이해를 돕기 위해 어휘 연습과 문법 연습 문제의 1번에는 답을 제시해 [보기]의 역할을 하도록 하였다.
- 각 과 3항 듣기 연습의 지문과 각 연습문제의 모범 답안을 실어 학생들이 스스로 답을 확인하고 공부하는 데 도움이 되도록 하였다.
- 듣기 지문이 녹음된 CD를 첨부하였다.

차례

6-1

6-2

제6과 가까워지는 세계

6과 1항

어휘

1. [보기]에서 알맞은 단어를 골라 빈 칸에 쓰십시오.

[보기]	힐끔거리다	접어들다	배타적이다	내색을 하다	표면적이다		
	관심어리다	필연적이다	불과하다	다민족	다문화 사회	개정	심정

1) 딸아이가 사춘기에 (접어들면서)~~으면서/면서~~ 부쩍 외모에 신경을 쓰기 시작하네요.

2) 1850년에 10억에 ( )던 세계 인구는 1990년에는 50억을 넘게 되었어요.

3) 연예인들은 사람들의 ( )는/은/ㄴ 시선이 때로는 부담스럽다고들 합니다.

4) 어머니는 회사에 다니랴 집안일 하랴 많이 힘드실 텐데도 가족들에게 전혀 ( )지 않으십니다.

5) 지나가는 사람들이 한겨울에 반팔 옷을 입은 한 쌍의 남녀를 ( )으면서/면서 쳐다봤다.

6) 아파서 모임에 못 나왔다는 말은 ( )는/은/ㄴ 이유일 뿐 사실은 회사에 대한 불만 때문이야.

7) 인간만의 편의를 앞세워 무분별한 개발을 한다면 ( )으로/로 생태계를 파괴하게 될 것입니다.

8) 지난 달 24일 출입국 관리법의 일부를 ( )하는 법률이 공포되어 오는 11월 20일에 시행될 예정이다.

9) 다른 종교를 인정하지 않고 자기들만 옳다고 주장하는 종교는 독선적이고 ( )이라는/라는 비판을 받습니다.

10) ( )으로/로 가고 있는 우리는 인종과 문화의 다양성을 인정하고 존중하면서 공존을 추구해야 한다.

11) 영화 〈공포〉는 병사들의 시각에서 전쟁을 묘사한 반전 영화이며 탱크 안에 갇힌 스무 살 병사들의 ( )을/를 생생하게 담았습니다.

12) 사회 · 문화적으로 많은 변화를 일으키고 있는 국제결혼과 혼혈인의 증가는 일시적 사회현상인가? 아니면, 세계화로 접어들어 ( ) 국가가 되는 자연스러운 단계인가?

2. 다음 글의 내용에 어울리게 [보기1]과 [보기2]에서 단어를 골라 연결하고 빈 칸에 간단한 문장을 쓰십시오.

[보기 1]	고민	갈등	마찰	고충	조언	충고	화해

[보기 2]	–이/가 생기다	–을/를 털어놓다	–을/를 해소하다	
	–을/를 겪다	–을/를 청하다	–을/를 구하다	–을/를 따르다

1) "사실 나는 이번 인사 이동에서 해외 지사로 발령이 났는데 장래를 생각하면 좋은 기회지만 혼자 남으시겠다는 어머니가 자꾸 마음에 걸린다. 가야 하나 말아야 하나……."

(저는 고민이 생겼어요)

2) "어제 친구랑 유치하고 사소한 일로 크게 싸웠는데 오늘 친구가 쉬는 시간에 찾아와서 다시 사이좋게 지내자고 했어요."

( )

3) "선생님, 아이들이 저를 자꾸 따돌려요. 소외당하지 않으려면 제가 어떻게 해야 할까요? 좀 가르쳐 주세요."

( )

4) "영미야, 너한테만 하는 이야긴데, 내가 운영하는 인터넷 쇼핑몰이 대박을 터뜨린 후 주위에서 돈 좀 빌려 달라는 부탁이 많아져서 너무 괴로워."

( )

5) "상대방의 말이 끝나기 전에 절대 끼어들지 말라는 어머니의 말씀대로 다른 사람의 말을 경청하려고 노력하고 있습니다."

( )

6) "시급제 직원에 대한 휴일 급여 지급을 둘러싸고 일부 은행과 비정규직 노조가 서로 의견이 달라 부딪치고 있습니다."

( )

7) "금전적인 문제로 절교 위기까지 겪었던 우리는 얼굴을 맞대고 대화의 시간을 가진 후 예전의 죽마고우로 돌아왔어요."

( )

문법

-는다는/ㄴ다는/다는 듯이

3. 다음을 연결하고 '-는다는/ㄴ다는/다는 듯이'를 사용해서 문장을 만드십시오.

1) 입덧이 심한 아내는 매사가 귀찮다 •	• 이맛살을 찌푸리며 팔짱을 끼다
2) 선생님 말씀을 듣고 잘 알겠다 •	• 계속 하품만 해 대다
3) 아이들은 큰일이 났다 •	• 하루 종일 꼼짝도 않고 방안에 누워만 있어 걱정이다
4) 유미는 정희의 주장이 매우 못마땅하다 •	• 고개를 숙이고 머리를 긁적거리다
5) 윤수는 사과를 하면서 부끄럽고 죄송스럽다 •	• 헐레벌떡 뛰어오다
6) 철수는 수업이 지루하다 •	• 고개를 두어 번 끄덕이다

1) 입덧이 심한 아내는 매사가 귀찮다는 듯이 하루 종일 꼼짝도 않고 방안에 누워만 있어 걱정입니다.

2) ....

3) ....

4) ....

5) ....

6) ....

4. '-는다는/ㄴ다는/다는 듯이'를 사용해서 다음 대화를 완성하십시오.

1) 가: 영수 씨는 학교를 졸업하고 어디에 취직하고 싶대요?

나: 글쎄요, 취직할 마음이 없다는~~는다는/ㄴ다는/다는~~ 듯이 준비도 하지 않고 놀기만 하던데요.

2) 가: 김 선생님, 모하메드 씨가 이번 말하기 시험을 잘 봤나요?

나: 네, 마치 ________________ 는다는/ㄴ다는/다는 듯이 질문에 막힘없이 대답을 잘 했어요.

3) 가: 엄마, 할머니께서 화를 내시며 방으로 들어가 버리셨어요.

나: 왜? 무슨 일이 있었니?

가: 할머니께서 했던 얘기를 또 하고 또 하셔서 한 번만 더 들으면 백 번째라고 했더니 그러시네요.

나: 어른이 하시는 얘기는 이미 들었어도 ________________ 는다는/ㄴ다는/다는 듯이 모르는 척하는 게 좋지 않을까?

4) 가: 마이클 씨와 유미 씨가 크게 싸운 뒤 헤어졌다면서요?

나: 금시초문이에요. 학교에서는 ________________ 는다는/ㄴ다는/다는 듯이 사이좋게 지내던데요.

5) 가: 리에 씨를 보셨어요? 좌담회 준비로 의논할 일이 있는데 아무리 찾아도 없네요.

나: 조금 전에 4층 계단 앞에서 봤는데 ________________ 는다는/ㄴ다는/다는 듯이 막 뛰어 내려갔어요.

6) 가: 여성 비하 발언으로 떠들썩했던 가수 윤철수 씨가 새 노래를 들고 나왔네요.

나: 아니, 그렇게 물의를 일으키고도 어떻게 ________________ 는다는/ㄴ다는/다는 듯이 무대에 오를 생각을 했지요? 정말 뻔뻔스럽네요.

-건만

5. 아래 표를 보고 '-건만'을 사용해서 유학생 밍밍과 고향 친구 루루의 전화 대화를 완성하십시오.

시험	밤을 새워 공부했다	점수는 예상 외로 형편없었다
음식	매운 음식에 익숙해지려고 애썼다	아직도 쉽지 않은 일이다
방 친구	고향과 출신 고등학교가 같다	어쩐지 잘 친해지지 않는다
동아리 친구	오해를 풀고 화해하고 싶다	좀처럼 만날 기회가 없다
진로 문제	고민에 고민을 거듭했다	아직도 결정을 내리지 못하고 있다
짝사랑	그가 내 마음을 좀 알아주었으면 좋겠다	전혀 모르는 눈치여서 정말 답답하다

루루: 밍밍, 나 루루야. 그동안 잘 있었어?

밍밍: 응, 너도 별일 없지? 오랜만에 목소리를 들으니까 반갑다.

루루: 나도 그래. 그런데 지난 화요일에 끝난 중간시험은 잘 봤어?

밍밍: 잘 보기는. 1) 밤을 새워 공부했건만 점수는 예상외로 형편없었어.

루루: 너무 속상해하지 마! 다음 기말 시험에서 만회하면 되지 뭐. 그런데 너, 요즘은 한국 음식을 잘 먹지? 한국에 가서 처음에는 음식이 입에 안 맞아 고생했잖아.

밍밍: 2) ______________ 건만 ______________

루루: 새로 이사 간 하숙집 방친구하고는 잘 지내?

밍밍: 글쎄, 3) ______________ 건만 ______________

루루: 그래? 그 친구가 낯을 가리나 보다. 시간이 좀 지나면 괜찮아질 거야. 아 참, 크게 싸웠다던 동아리 친구와는 화해했어?

밍밍: 웬걸, 4) ______________ 건만 ______________

그나저나 루루 넌 졸업하고 뭐 할 거니?

루루: 난 공부에 미련이 남아서 일단 대학원에 진학하려고 해. 그러는 너는?

밍밍: 공부를 계속할까 취직을 할까 5) ______________ 건만 ______________

____

루루: 신중하게 잘 생각해서 결정하도록 해. 그런데 밍밍, 네가 짝사랑한다던 옆 반 웨이 씨한테는 마음을 고백했어?

밍밍: 아이고, 부끄러워서 어떻게 먼저 고백을 해? 거절당하면 어떡하라고. 6) ______________ 건만 ______________. 어, 벌써 12시네. 루루야, 늦었으니까 우리 다음에 또 통화하도록 하자. 전화 줘서 고마워. 잘 자. 안녕!

루루: 그래 너도 잘 자. 안녕!

6. '-건만'을 사용해서 다음 대화를 완성하십시오.

1) 가: 올가 씨가 남편 때문에 마음 고생이 심하다고 하던데 사실이에요?
   나: 네, 내가 두 사람이 사귈 때 쫓아다니며 말렸건만 내 말을 듣지 않고 결혼하더니 결국……. 쯧쯧쯧.

2) 가 : 취직하기가 정말 어렵네요. 정우 씨는 성적이 좋으니까 벌써 취직하셨겠지요?
   나 : 웬걸요. ______________________________건만 면접을 보러 오라는 데도 없네요.

3) 가: 그렇게 혼자서만 끙끙 앓지 말고 부모님께 고민을 털어놓고 조언을 구해 보는 게 어때요?
   나: 벌써 ______________________________건만 아무런 해결책도 찾을 수 없었어요.

4) 가: 김민철 씨가 서류가방을 분실하는 바람에 회사 전체가 발칵 뒤집혔어요.
   나: ______________________________건만 덜렁대더니 결국 큰일을 저질렀군.

5) 가: 외국인 관련법이 개정된 후 외국인들이 한국에서 살기가 좀 편해지지 않았어요?
   나: ______________________________건만 아직도 외국인에 대한 배려가 부족한 것 같아요.

6) 가: 요즘 시장에 가기가 두려워요. 어찌나 물가가 많이 올랐는지…….
   나: 그렇지요? 정부가 ______________________________건만 아직 생활 속에서 경기 회복을 피부로 느끼기는 어렵군요.

6과 2항

어휘

1. 밑줄 친 내용과 관계있는 단어를 [보기]에서 찾아 빈 칸에 쓰십시오.

[보기]	강구하다	격렬하다	치명적이다	체결되다	뚫리다		
	다방면	생계	타격	수혜자	관세	기금	장벽	활성화

1) 기획재정부는 **살 길**이 막막한 저소득층을 위한 장기적인 지원 대책을 발표했다.
(생계)

2) 동문회의 수익사업으로 모은 돈은 장학 사업을 위한 **밑거름이 될 돈**으로 사용될 예정입니다.
(　　　　)

3) 자유 무역 협정의 가장 큰 효과는 **수출세, 수입세, 통과세** 인하에 따른 무역 교역량 증가입니다.
(　　　　)

4) 대형마트와 중소형마트가 잇달아 들어서면서 재래시장을 중심으로 한 상권이 **큰 손실**을 입고 있어요. (　　　　)

5) 보건복지가족부에서 실시한 무료 인공관절 수술의 첫 번째 **혜택을 받은 사람**은 마포구 상암동에 사시는 임순자 할머니라고 합니다. (　　　　)

6) 서양화가 유경미 씨의 원래 꿈은 무대 디자이너였지만 유학 생활 동안 언어가 통하지 않는 **어려움**에 부닥쳐 언어가 필요없는 순수예술로 방향을 바꾸었대요.
(　　　　)

7) 권투나 무에타이 같은 **과격하고 맹렬한** 격투기를 운동 삼아 하는 사람들이 늘고 있어.
(　　　　)

8) 길이 **생기면** 그 주변 지역으로 주거 수요가 몰리고 따라서 부동산 가격도 오른다.
(　　　　)

9) 보건복지부는 전염성이 강한 유행성 결막염이 번지는 속도가 빨라지기 전에 조기 차단하는 방안을 **찾고** 있다.
(　　　　)

10) 높은 취업률로 유명한 우리 대학은 2700여 기업과 산학협력협정이 **맺어져** 있습니다.
(　　　　)

11) 남해안 관광에 **활기를 불어 넣기** 위해 전라남도와 광주시, 부산시, 경상남도, 제주도 등 5개 광역
(　　　　)
자치단체와 관계기관 7곳이 힘을 모으기로 했다.

12) 다음 달 개봉 예정인 영화의 불법 동영상 파일이 급속도로 유포되자 영화사는 경찰에 의뢰해 최초 유포자를 구속하는 등 사태수습에 나섰지만 이로 이미 인해 **매우 심각한** 피해를 입었다. (　　　　)

13) 준수는 상식, 문화, 예술, 정치, 경제 등 **여러 분야에 대해서** 아는 것도 많은 데다가 겸손

(　　　　　　)

하고 다른 사람을 배려할 줄 아니 그 누가 좋아하지 않겠니?

2. [보기]에서 알맞은 단어를 찾아 다음 신문 사설의 빈 칸에 쓰십시오.

[보기] 세계화 시대　세계 무역 기구　자유 무역 협정　시장 개방　보호 무역
적자　국가 경쟁력　외화　관세 철폐　다국적 기업
국제 수지　외환위기　환율

〈사설〉

개방 시대를 맞이하여

요즘 지구촌 여기저기에서 자유무역과 1) 보호 무역을/~~를~~ 둘러싼 찬반 논쟁과 정치적 갈등이 심해지고 있다. 유럽의 화물 트럭 운전기사들은 해외에서 수입하는 연료에 대한 2) .... 을/를 요구하면서 도로를 점거하고 시위를 벌이는 중이고, 어느 개발도상국에서는 의료서비스와 교육서비스 분야의 3) .... 에 대해서 자국의 산업을 보호하기 위한 반대 시위의 목소리가 오히려 힘을 얻고 있다. 한편 4) .... 은/는 자유무역이 수출국이나 수입국 모두에게 서로 이익이 된다는 신념에 따라 회원국들끼리 5) .... 을/를 체결하도록 적극적으로 요구하고 있다. 각국이 6) .... 에서 흑자만을 바란다면 자유무역을 기피하겠지만 오늘날 한 나라의 경제는 더 이상 그 나라만의 것이 아니다.

이제 지구촌은 원재료 확보와 부품 생산, 완성품의 조립, 기술 개발, 디자인, 마케팅, 유통 등의 기업 활동이 각각 경쟁력 있는 여러 나라에 분산되어 해당국의 많은 기업들과 협력해서 보다 품질 좋은 제품들을 생산하고 수출하는 그야말로 7) .... 으로/로 접어들고 있다. 특히 여러 나라에 걸쳐서 사업을 전개하는 8) .... 은/는 국가 간의 장벽을 허무는 촉진제 역할을 하고 있다.

그런데 나라마다 화폐가 다르기 때문에 국제 무역에서 흑자 혹은 9) .... 을/를 보게 되면 10) .... 이/가 변동하고 그에 따라 11) .... 으로/로 표시된 자산의 가격과 수익이 덩달아 오르거나 내리게 되어 경제의 불확실성이 커진다. 이런 점들은 개방의 걸림돌이 되며 심지어 12) .... 까지 초래하기도 한다. 그러므로 개방으로 인한 부작용을 겪지 않으려면 13) .... 을/를 키우면서 점진적인 무역개방을 이루어 나가야 한다.

문법

-는/ㄴ답시고

3. [보기]에서 알맞은 것을 골라 '-는/ㄴ답시고'를 사용해서 문장을 완성하십시오.

[보기]
- 담배를 끊다
- 잠자리를 잡다
- 철 지난 옷을 정리하다
- 네 잎 클로버를 찾다
- 새로운 사업을 구상하다
- 멋있는 모습을 보여주다

1) 행운의 네 잎 클로버를 찾는답시고 ~~는/ㄴ답시고~~ 화단을 다 망쳐버렸어요.

2) .... 는/ㄴ답시고 이리 저리 뛰어 다니다가 간장독을 깼어요.

3) .... 는/ㄴ답시고 하루 종일 사탕을 입에 물고 살아요.

4) .... 는/ㄴ답시고 몇 날 며칠 방 안에서 빈둥거리기만 한다.

5) .... 는/ㄴ답시고 오토바이를 타고 다니다가 사고를 당했대.

6) .... 는/ㄴ답시고 방안을 난장판으로 만들어서 지금 같이 정리하고 있어요.

4. 다음 '엄마의 일기'를 읽고 '-는답시고'를 사용해서 문장을 완성하십시오.

요즘 우리 식구들이 도무지 마음에 들지 않는다. 남편은 남편대로 아이들은 아이들대로 시집식구는 시집식구들대로 못마땅한 일이 한두 가지가 아니다. 두고 보자니 스트레스만 쌓이고, 그렇다고 한 소리 하자니 집안이 시끄러워질 것 같아서 고민이다.

남편은 낚시 동호회에 들더니 낚시 장비를 300만 원어치나 구입해서 나를 뒤로 넘어가게 했고, 시동생은 이 불경기에 사업을 시작한다며 우리 집을 담보로 은행에서 대출을 받았다. 게다가 며칠 전에는 큰 아이가 엄마를 도와준다고 부엌에서 요리를 하다가 불을 내서 119소방관들이 들이닥쳤었고, 둘째 놈은 컴퓨터 내부 구조를 알아본다며 집안에 있는 컴퓨터들을 다 분해해 버렸다. 막내딸은 세상에서 하나뿐인 멋진 옷을 만든다면서 거실 커튼을 가위로 다 잘라버렸다. 백수인 시누이는 일자리를 찾는다는 핑계로 하루 종일 집밖으로만 돈다. 집안일도 많은데 좀 도와주면 얼마나 좋을까?

아무래도 날을 잡아서 가족회의를 한 번 해야겠다.

1) 남편은 낚시를 한답시고 낚시 장비를 한 번에 300만 원어치나 구입했다.

2) 시동생은 ....

3) 큰 아이는 ....

4) 둘째는 ....

5) 막내딸은 ....

6) 시누이는 ....

YONSEI KOREAN WORKBOOK 6

–는 날엔

5. '–는 날엔'을 사용해서 다음 대화를 완성하십시오.

1) 가: 핵무기 보유국이 점점 늘어서 걱정이에요. 핵무기는 이 세상에서 사라져야 하는데…….
   나: 맞아요. 어느 한 나라에서라도 핵무기가 전쟁에 사용되는 날엔 온 인류가 멸망하게 될 거예요.

2) 가: 벌써 일어나려고? 조금만 더 놀다 가지. 오늘같이 다들 모이기도 힘든데…….
   나: 나도 그러고 싶지만 ....는 날엔 기숙사에서 나와야 해.

3) 가: 동서를 가로지르는 고속도로 건설에 반대하는 환경단체들의 시위가 점점 확산되고 있나 봐요.
   나: ....는 날엔 이 지역의 자연 생태계가 크게 파괴될 테니까요.

4) 가: 저는 아파트 말고 통나무로 지은 집에 살고 싶어요.
   나: 하지만 ....는 날엔 피해가 너무 클 거예요.

5) 가: 시험공부를 너무 안 해서 큰일 났네. 이따가 시험지 좀 살짝 보여줘.
   나: 무슨 소리하는 거야? ....는 날엔 정학이나 퇴학이란 걸 몰라?

6) 가: 이번 3차 무역협정은 어떻게 될까요? 1 · 2차 협정의 결과가 만족스럽지 않아 정부에 대한 불신감만 커지고 있는데요.
   나: ....는 날엔 정부가 국민들의 지지를 잃게 될 거예요.

6. 다음 상황을 읽고 '-는 날엔'을 사용해서 문장을 완성하십시오.

1) 우리 어머니께서는 내가 유리 씨와 사귀는 것을 매우 싫어하신다. 오늘도 집 앞에서 유리 씨와 함께 이야기하고 있는 것을 보고 화를 내시며 이렇게 말씀하셨다.

어머니 ➔ "네가 또 그 여자를 만나는 날엔 이 집에서 쫓아내 버리겠다."

2) 급하게 차가 필요해서 친한 친구에게 좀 빌려 달라고 부탁했다. 친구는 마지못해 빌려주면서 내게 이렇게 다짐을 받았다.

친구 ➔ " .... 는 날엔 네가 다 책임을 져야 해."

3) 요즘 졸업 논문과 좌담회 준비 때문에 동아리 모임에 한동안 못 나갔다. 동아리 회장이 다음 모임 장소와 시간을 전화로 알려주며 이렇게 말했다.

회장 ➔ " .... 는 날엔 제명시킬지도 몰라요."

4) 철수는 동건이를 만날 때마다 '멍청이'라고 놀린다. 착한 동건이는 친구와 싸우기 싫어 그때마다 참았지만 지렁이도 밟으면 꿈틀한다고 오늘 아침에는 폭발하고야 말았다.

동건 ➔ " .... 는 날엔 그 날이 네 제삿날이 될 거다."

5) 내 친구 수현이는 휴일도 없이 일하니 정말 걱정이다. 성공해야 한다고 꼭두새벽부터 밤늦게까지 회사에서 산다. 날이 갈수록 안색이 나빠지는 친구에게 나는 이렇게 충고해 주고 싶다.

나 ➔ "아무리 성공해도 .... 는 날엔 모든 것이 헛일이니까 좀 쉬어가면서 해."

6) 나는 소비자의 입장에서 자유무역협정을 찬성한다고 했더니 농사를 짓는 내 친구가 버럭 화를 내며 이렇게 말했다.

친구 ➔ " .... 는 날엔 싼 외국 농산물이 물밀듯이 들어와 나 같은 사람은 하루아침에 생계수단을 잃을지도 몰라."

6과 3항

읽고 쓰기

1. 다음을 읽고 질문에 답하십시오.

외국인 경영 · 생활환경 개선 토론회 개최 계획

■ 행사 개요

일시 : 11.19 (수) 10:00~13:00 (오찬 포함)
장소 : 신라호텔 '무궁화'실
주관 : 전국경제인연합회, Invest KOREA
참석인원 : 경영/생활분과 실무위원 80여 명
- 정부 : 양수복 동북아 외자유치 전문위원장
김제희 지식경제부 무역투자실장 등
-외국상공회의소 : Tame Creelman 미국상공회의소 수석부회장
Terry Smith 캐나다상공회의소 부회장 등
-외국인학교 : Harlan J. Potter 서울외국인학교교장
Thomas L. Watson 대전외국인학교교장 등

■ 행사 내용

[외국인 경영환경 개선 3개년 계획과 세부 실천 과제] 발표 (전경련)
[외국인 생활환경 개선 5개년 계획과 세부 실천 과제] 발표 (Invest KOREA)
[자유토론(질의, 응답)]

1) 이 행사를 개최하는 목적은 무엇입니까?

2) 위 글을 읽고 맞는 것을 고르십시오. (　　　)

❶ 점심은 제공되지 않는다.

❷ 일반인들도 참석할 수 있다.

❸ 이 행사는 외국인 학교 영빈관에서 열린다.

❹ 참석자들과 발표자들이 자유롭게 질문하고 대답할 수 있다.

3) 위 행사에서 발표된 실천 과제들입니다. 각 분야에 맞게 연결하십시오.

	• 가) 외국인의 신용카드 발급 등 불편 해소
❶ 교육 분야 •	• 나) 체류 기간, 영주권 취득 자격 등 개선
	• 다) 특례 기부금 입학 인정
❷ 주택 분야 •	• 라) 외국인의 운전면허 관련 불편 해소
	• 마) 외국인 이용 편의시설 외국어 안내 강화
❸ 의료 분야 •	• 바) 외국인 투자자의 가사보조인 체류 비자 발급
	• 사) 월세 전액 선불 관행 개선
❹ 교통 분야 •	• 아) 온라인 의료정보센터 구축
	• 자) 외국인에 대한 교통 안내 서비스 강화
❺ 출입국 분야 •	• 차) 주택임대차 영문 표준계약서 도입
	• 카) 외국인학교 설립 시 입지 지원
❻ 생활문화/통신 분야 •	• 타) 외국인진료병원 지정 운영

4) 3)번 문제에서 제시된 실천 과제 외에 외국인들의 한국생활 편의를 위해 개선되어야 할 것들로 무엇이 있는지 이야기해 봅시다.

듣고 쓰기

CD: 06

2. 다음 대화를 듣고 질문에 답하십시오.

1) 두 사람은 무엇에 대해서 이야기하고 있습니까? (   )

❶ 외국인 투자 증가
❷ 수입 감소의 원인
❸ 국제수지 적자와 경제위기
❹ 국가 경쟁력을 키우는 방안

2) 들은 내용과 맞으면 ○, 틀리면 × 하십시오.

❶ 외환위기가 전에 한 번 온 적이 있다. (   )
❷ 언론은 경제 위기에 대해서 크게 걱정하지 않는 분위기다. (   )
❸ 외환위기 때 한국에 유학 온 외국인들이 많이 힘들어했다. (   )
❹ 국제수지가 올해 초까지는 흑자였는데 최근에 적자로 돌아섰다. (   )

3) 자유 무역 협정이 속속 체결되고 있고 점진적으로 여러 분야에서 시장이 개방되어 가고 있는 요즘, 경제전문가들은 세계화 시대에 살아남으려면 국가경쟁력을 높여야 한다고 입을 모으고 있습니다. 그렇다면 국가 경쟁력을 높이기 위한 방안에는 무엇이 있을까요? 여러분의 생각을 써 봅시다.

한자성어(漢字成語) 1

1. 감언이설(甘言利說)

귀가 솔깃하도록 남의 비위를 맞추거나 이로운 조건을 내세워 꾀는 말.

- 떼돈을 벌게 해주겠다는 감언이설에 속아 장사 밑천을 떼이고 말았어요.

2. 구태의연(舊態依然)

조금도 변하거나 발전한 데 없이 예전 모습 그대로임.

- '두발규제'가 학생들로 하여금 공부에 집중할 수 있게 해준다는 학교 측의 주장은 구태의연한 발상입니다.

3. 당연지사(當然之事)

일의 앞뒤 사정을 놓고 판단할 때에 마땅히 그렇게 하여야 하거나 되리라고 여겨지는 일.

- 비록 적은 액수라고는 하나 뇌물을 받은 경찰관이 해고되는 건 당연지사야.

4. 동고동락(同苦同樂)

괴로움도 즐거움도 함께 함.

- 삼십 년 동안 동고동락해 온 부인과 사별한 후 아직도 마음을 잡지 못하고 있어요.

5. 마이동풍(馬耳東風)

말의 귀에 동풍이 불어도 아랑곳하지 아니한다는 뜻으로, 남의 말을 귀담아 듣지 않고 지나쳐 흘려버림을 이르는 말.

- 자금을 한 곳에 집중투자하지 말라고 수차 권고했는데도 마이동풍이니 걱정이네요.

6. 비일비재(非一非再)

같은 현상이나 일이 한두 번이 아니고 많음.

- 실제로 국내 수입업체들 가운데는 외국기업에 선수금을 지불해 놓고 국제법을 잘 알지 못해서 돈을 떼이는 경우가 비일비재하다.

7. 새옹지마(塞翁之馬)

인생의 길흉화복은 변화가 많아서 예측하기가 어려움을 이르는 말.

- 투자를 할 때 호재와 악재에 관심을 가지는 것은 좋지만 부화뇌동할 필요없습니다. 인생사 새옹지마라고 당장의 호재가 미래의 악재일지, 아니면 지금의 악재가 미래의 호재일지 모르기 때문입니다.

8. 산전수전(山戰水戰)

산에서도 싸우고 물에서도 싸웠다는 뜻으로, 세상의 온갖 고생과 어려움을 이르는 말.

- 강력계 형사 생활 십오 년, 김 형사는 이 방면에서 산전수전 다 겪은 몸이었다.

9. 약방감초(藥房甘草)

한약에 감초를 넣는 경우가 많아 한약방에 감초가 반드시 있다는 데서 나온 말로, 어떤 일에나 빠짐없이 끼어드는 사람 또는 꼭 있어야 할 물건을 이르는 말.

- 자네는 어느 일에나 끼어들어 약방감초처럼 행동하는데 이번에는 조용히 있는 것이 더 나을 거야.

10. 오리무중(五里霧中)

오리나 되는 짙은 안개 속에 있다는 뜻으로, 무슨 일에 대하여 방향이나 갈피를 잡을 수 없음.

- 무장단체에 의해 납치된 것으로 추정되는 한국인 여성 등 외국인 9명의 소재가 여전히 오리무중이라고 합니다.

한자성어(漢字成語) 연습 1

다음을 읽고 알맞은 한자성어를 넣어 대화를 완성하십시오.

1. 가: 뺑소니사건 용의자가 경찰이 한 눈을 파는 사이에 도망갔대.

나: 그래, 어디로 도망갔대?

가: 아직은 ....인가 봐.

2. 가: 부모 욕심으로 조기 유학을 보낸 아이들이 객지에서 몸 고생, 마음 고생만 하다가 귀국하는 경우가 많다면서?

나: 그렇다네요. 유학생 중 10%만이 명문대에 진학할 뿐이고 낙제 후에 학업을 포기하고 귀국하는 경우도 ....하대요.

3. 가: 깻잎은 느끼한 맛을 없애줘서 고기 요리를 먹을 때는 절대 빠질 수 없는 .... 같은 존재야.

나: 비타민 C와 철분도 풍부해 훌륭한 건강식품이기도 하지.

4. 가: 어! 너, 김 일병 아냐? 김 일병 맞지?

나: 누구신지……. 혹시, 이 병장님? 진짜 이 병장님이십니까? 아이고, 정말 반갑습니다.

가: 우리가 오뚜기 부대에서 ....하던 때가 엊그제 같은데 이게 몇 년 만이야?

나: 함께 울고 웃던 그때가 벌써 10년 전이군요!

5. 가: 이제는 그 드라마를 안 볼래요.

나: 왜요? 여자들에게 인기가 많던데요. 꽃미남들도 여럿 나오고요.

가: 소재와 이야기 전개가 ______________________ 해서 식상해요. 예전이나 지금이나 크게 달라진 게 없어요. 사회는 하루가 다르게 변해 가는데 드라마 소재는 너무 뻔해요.

6. 가: 여보, 웬 옷들을 이렇게 많이 샀어? 오늘 무슨 날이야?

나: 아휴, 내가 미쳤지. 백화점에 바지 한 벌 사러 갔다가 '아가씨 같다', '학생인 줄 알았다'는 ______________________ 에 속아서 입을 일도 없는 정장에다가 코트까지 사고 말았지 뭐예요.

7. 가: 요즘 정치인들이 하는 꼴들 좀 봐. 우리 서민들의 생활에 관심이나 있는지 원.

나: 그 사람들이 우리말을 귀담아 듣겠어요? 그동안 수없이 정치권을 향해 싸우지 말고 민생을 챙기라고 주문했건만 늘 ______________________ 이었잖아요/였잖아요.

8. 가: 큰 수술을 앞두고 많이 걱정되시지요?

나: 걱정은 무슨……. 살아가면서 볼 것, 안 볼 것 다 보고 ______________________ 다 겪은 사람이 뭘 두려워하겠나?

9. 가: 줄리아 씨가 유학생활에 적응하지 못해 우울증에 시달리더니 요즘엔 감기다, 소화불량이다, 하루가 멀다 하고 병원을 찾네요.

나: 마음이 아프니 몸이 아픈 건 ______________________ 지. 마음에 병이 들었는데 몸인들 온전하겠어?

10. 가: 연기력 부족으로 평론가들에게 혹평을 받던 배우 박명신이 최근에 감독으로 큰 성공을 거두었다면서요?

나: 인생이란 ______________________ 이라더니/라더니 배우로 주목받지 못했던 것이 진로를 바꾸는 계기가 되어 오히려 큰 성공을 거두게 되었군요.

제7과 소중한 문화유산

7과 1항

어휘

1. [보기]에서 알맞은 단어를 골라 빈 칸에 쓰십시오.

[보기]	명당	효심	물자유통	배후	성곽	유적지
	길목	대거	측면	동원하다	트이다	

1) 이번 야구 경기에서는 4회에 (대거) 6점을 추가하여 우리 팀이 이겼습니다.

2) 고속도로에서 국도로, 국도에서 고속도로로 빠지는 (　　　　)을/를 '나들목'이라고 한다.

3) 부모님의 산소를 (　　　　) 자리에 모시기 위해 전국을 수소문해 찾고 있어요.

4) 점쟁이 말이 나는 말년이나 되어야 재물 운이 (　　　　)는/은/ㄴ다고 했어.

5) 불법 선거 자금 수수 사건의 (　　　　)은/는 국내 모 대기업으로 밝혀졌다.

6) (　　　　)이/가 활발해야 지역의 경제가 좋아지고 소비생활이 편리해진다.

7) 정부는 탈북자들의 문제를 인권적 (　　　　)에서 해결하기 위해 노력하고 있습니다.

8) 서울시는 1년에 한 번씩 (　　　　)이/가 지극한 사람을 뽑아서 효자효녀상을 수여한다.

9) 경상북도 고령의 44-45호 고분은 고대 사회의 순장 제도를 보여주는 귀중한 (　　　　)으로/로 평가되고 있다.

10) 이번 복원공사에는 소음과 먼지를 줄이기 위해 각종 첨단 장비들을 (　　　　)을/ㄹ 겁니다.

11) 서울 주변의 (　　　　)은/는 조선을 세운 태조가 한양으로 도읍을 옮긴 후 전쟁에 대비하고 사람들의 출입을 통제하거나 도적을 방지하기 위해 쌓은 시설이다.

2. [보기]에서 알맞은 단어를 골라 빈 칸에 쓰십시오.

[보기 1] 유물 보물 지정 발굴 국보 유적

1) (발굴)이란/~~란~~ 땅 속에 들어 있는 매장문화재를 과학적인 방법으로 드러내는 것으로 해당지역에 대한 전면적인 조사를 벌이는 사업을 말한다. 이 작업을 통해 토기와 석기 · 철기 등 동산문화재인 2) (   )과/와, 집터 · 고분 · 건물터와 같은 옛 사람들이 이루어 놓은 구조물과 앞에서 언급한 동산문화재를 포함하는 3) (   )이/가 세상의 빛을 보게 된다. 드러난 문화재들 중에서 역사적이거나 미술적인 가치를 지닌 중요한 문화재를 4) (   )으로/로, 그리고 국가적 · 문화적 관점에서 볼 때 그 가치가 보다 크고 유례가 드문 것을 5) (   )으로/로 6) (   )하여 관리 · 보호를 하게 된다.

[보기 2] 보존 심의 선정 자연유산 문화유산

세계유산은 세계유산협약에 따라 세계유산위원회가 인류 전체를 위해 보호해야 할 가치가 있다고 인정하는 것이며 다음 세 가지로 분류된다. 역사적으로 중요한 가치를 가지는 7) (   ), 생태학적 · 생물학적 보존 가치가 있는 8) (   ), 그리고 이들의 성격을 합한 복합유산이 바로 그것이다. 각 나라별로 해당 유산에 관한 신청서를 유네스코에 제출하면 위원회는 여러 측면에서 엄격한 9) (   ) 과정을 거쳐 세계유산으로 10) (   )한다. 세계유산목록에 등재된 유산은 세계유산기금으로부터 기술적 · 재정적 원조를 받을 수 있어서 11) (   )과/와 관리가 용이해진다.

문법

-은/ㄴ 이상

3. 다음 중 맞는 것을 고르십시오.

1) 경기에 참가한 이상
   ❶ 우승을 위해서 노력해야지. (✔)
   ❷ 우승하지 않아도 괜찮다. (   )

2) 계약서에 서명을 한 이상
   ❶ 계약 내용을 수정할 수 없다. (   )
   ❷ 계약내용을 수정해야 한다. (   )

3) 모두의 반대를 무릅쓰고 작가의 길로 들어선 이상
   ❶ 힘들면 포기할 수 있다. (   )
   ❷ 중도 포기란 있을 수 없다. (   )

4) 우리가 힘을 합친 이상
   ❶ 두려울 것이 없습니다. (   )
   ❷ 앞으로 어려운 일이 기다리고 있을 거예요. (   )

5) 신제품 개발에 대한 경영진의 기대가 크다는 것을 안 이상
   ❶ 연구를 소홀히 해서는 안 됩니다. (   )
   ❷ 연구에 차질이 생겼습니다. (   )

6) 국민들의 지지도가 역사상 가장 낮은 것으로 나타난 이상
   ❶ 내각은 적극적으로 정책을 펼 수 있었다. (   )
   ❷ 내각은 총사퇴를 고민하지 않을 수가 없었다. (   )

4. '-은/ㄴ 이상'을 사용해서 다음 대화를 완성하십시오.

1) 가: 거래처에서 왔는데 김 부장님 좀 잠깐 만날 수 있을까요?
   나: 미안하지만 관계자가 아닌 ~~은/ㄴ~~ 이상 사전에 출입허가증을 받으셔야 합니다.

2) 가: 아빠, 너무 힘들어요. 더 못 올라가겠어요.
   나: 힘을 내. ………………………… 은/ㄴ 이상 꼭대기까지 올라가 봐야지.

3) 가: 방금 전에 전화한 집인데요, 스파게티를 피자로 바꿀 수 있나요?
   나: 죄송하지만, ………………………… 은/ㄴ 이상 메뉴를 바꿀 순 없습니다.

4) 가: 여보, 왜 이렇게 늦었어요?
   나: 길 잃은 아이를 집까지 데려다 주고 오느라고 늦었어.
   ………………………… 은/ㄴ 이상 그냥 지나칠 수 없었어.

5) 가: 나는 회사의 중국 진출 결정이 정말 마음에 안 들어요.
   나: ………………………… 은/ㄴ 이상 뒷공론을 벌이는 것은 의미가 없어요. 그대로 따르는 수밖에요.

6) 가: 이기춘 선수, 왜 부상을 감추고 출전하셨나요? 하마터면 큰일날 뻔했다던데요.
   나: ………………………… 은/ㄴ 이상 부상을 이유로 출전을 포기할 수는 없었어요.

-는다는/ㄴ다는/다는 점에서

5. 다음 글을 읽고 '-는다는/ㄴ다는/다는 점에서'를 사용해서 문장을 완성하십시오.

1) 혼자서 공부한다는 것은 학원에 다니는 것보다 여러 측면에서 유리하다. 첫째, 자신에게 적합한 환경과 학습 속도를 유지할 수 있다. 둘째, 자신이 부족한 부분에 대한 집중 학습이 가능하다. 셋째, 학습을 통해 습득한 지식을 스스로 분석할 수 있다. 넷째, 장소 이동이 없으므로 시간이 절약된다.

독학은 ❶ 자신에게 적합한 환경과 학습 속도를 유지할 수 있다는 ~~는다는/ㄴ다는/다는~~ 점에서 유리하다.

❷ .... 는다는/ㄴ다는/다는 점에서 유리하다.

❸ .... 는다는/ㄴ다는/다는 점에서 유리하다.

❹ .... 는다는/ㄴ다는/다는 점에서 유리하다.

2) 요즘 뮤지컬을 관람하는 사람들이 늘고 있다. 뮤지컬은 남녀노소가 함께 즐길 수 있는 가족용이 많고 실제 공연을 봄으로써 영화보다 더 큰 생동감을 느낄 수 있다. 또한 뮤지컬은 노래와 춤으로 감정을 극대화시켜 표현하기 때문에 관객이 몰입하기 더 쉽다. 이러한 이유로 사람들은 뮤지컬에 매료된다.

뮤지컬은 ❶ .... 는다는/ㄴ다는/다는 점에서 인기가 많다.

❷ .... 는다는/ㄴ다는/다는 점에서 인기가 많다.

❸ .... 는다는/ㄴ다는/다는 점에서 인기가 많다.

6. '-는다는/ㄴ다는/다는 점에서'를 사용해서 다음 대화를 완성하십시오.

1) 가: 웨이 씨는 한국말을 공부할 때 어떤 점이 특히 어려워요?
   나: 발음과 문장구조가 중국어와 매우 다르다는~~는다는/ㄴ다는/다는~~ 점에서 학습에 어려움이 많아요.

2) 가: 회사 다니기가 어때요? 업무량이 만만치 않을 텐데요.
   나: 일은 힘들지만 ______________ 는다는/ㄴ다는/다는 점에서 위안을 얻고 있어요.

3) 가: 선생님, '안락사'와 '존엄사'는 무슨 차이가 있어요?
   나: ______________ 는다는/ㄴ다는/다는 점에서는 근본적으로 같다고 할 수 있지요.

4) 가: 고객님, 이 모델은 어떻습니까? 승차감도 뛰어나고 내부 공간도 상당히 넓은데요.
   나: 글쎄요, ______________ 는다는/ㄴ다는/다는 점에서 요즘 같은 고유가 시대에는 좀 부담스러운데요.

5) 가: 로또 열풍이 대단하네요. 사람들이 왜 이렇게 로또에 열광할까요?
   나: ______________ 는다는/ㄴ다는/다는 점에서 로또는 매력적이라고 할 수 있지요.

6) 가: 이번 여름방학에 봉사 활동을 다녀오셨다면서요?
   나: 네, ______________ 는다는/ㄴ다는/다는 점에서 의미가 있고 유익했어요.

7과 2항

어휘

1. [보기]에서 알맞은 단어를 골라 빈 칸에 쓰십시오.

[보기]	밀림	동감	사원	장관	지반	전적으로	웅장하다
	씁쓸하다	소실되다	압도당하다	황폐화되다	어마어마하다	내친 김에	

1) 나도 영어 공용화의 부작용을 우려하는 학자들의 의견에 (동감)입니다.

2) 친구를 만나러 시내에 나갔다가 (   ) 쇼핑까지 하고 돌아왔어.

3) 야당후보의 선거 유세에는 (   )는/은/ㄴ 인파가 몰려들어 인산인해를 이루었대요.

4) 아무리 화려하고 (   )는/은/ㄴ 궁궐도 주인을 잃으면 폐허처럼 쓸쓸해진단다.

5) 아마존의 (   )이/가 방목지를 확보하려는 목장주들 때문에 불타고 있습니다.

6) 이번 사고의 책임은 (   ) 직원 관리를 소홀히 한 저에게 있으므로 제가 책임지고 물러나겠습니다.

7) 약한 (   )을/를 고려하지 않고 공사를 무리하게 감행한 것이 붕괴사고의 원인인 것 같아요.

8) 국정감사에서 실제적인 내용보다는 정치적인 논쟁만을 벌이는 장관과 국회의원들을 보면서 내 기분은 (   )기 짝이 없었다.

9) 청와대 본관 앞에 서면 15만 장의 청기와가 얹혀 있는 거대한 궁궐식 지붕과 엄숙한 분위기에 (   )게 돼요.

10) 해마다 이맘때면 해돋이의 (   )을/를 보기 위해 사람들이 동해 바닷가 정동진으로 몰려가요.

11) 바다의 신들을 위해 지어진 이 (   )은/는 절벽 끝에 세워져 있어 아름다운 경치를 보기 위해서라도 한 번 방문해 볼 만해요.

12) 2005년 산불로 (   )는/은/ㄴ 천년고찰 낙산사의 일부가 화마의 상처를 씻고 원형 그대로 복원되었다.

13) 어민들의 생계터전인 서해바다 황금어장이 해파리떼의 습격으로 (   )고 있지만 마땅한 해결책은 나오지 않고 있어 갈수록 어민들의 피해만 커져가고 있습니다.

2. [보기]에서 알맞은 단어를 골라 대화를 완성하십시오.

[보기] 전쟁 도굴 관광산업 지반 약화 지구온난화 산성비 자연재해 훼손되다 복구하다 복원하다 보수공사를 하다

가: 자네, 우주에서 바라본 지구의 모습을 본 적이 있나?

나: 물론, 봤지요. 깊은 어둠의 공간에서 마치 하나의 보석처럼 푸르게 빛나는 지구의 모습이 얼마나 아름다웠던지…….

가: 그렇게 아름다운 우리 지구에 지금까지 일어난 일들을 생각하면 참으로 마음이 아파. 온실가스 대량 배출로 인한 1) (지구온난화), 그로 인해 발생하는 지진 · 쓰나미 · 해일과 같은 2) (   ), '녹색페스트' · '죽음의 비'라 불리는 3) (   ), 해수면 상승과 증가된 빙하담수 때문에 붕괴사고의 원인이 된 4) (   ), 국가 간의 이해관계 충돌로 일어나는 5) (   ) 등이 지구 파괴의 주범들이지.

나: 그러한 원인들로 인해 생기는 피해는 해당 국가의 6) (   )에도 큰 영향을 미쳐 경제 상황을 악화시키기도 해요. 피해지역을 7) (   )으려면/려면 상당한 비용과 시간과 노력이 필요하거든요.

가: 그래, 맞아. 그런데 더 큰 문제는 이러한 피해가 단지 자연과 인간에게만 국한된 것이 아니라는 점이야. 우리의 소중한 문화유산도 예외는 아니지.

나: 그렇지 않아도 불법적인 8) (   )으로/로 소실되거나 무분별한 개발과 환경오염 등으로 유물과 유적들이 9) (   )고 있는 마당에 큰일이 아닐 수 없어요. 피해를 입었을 경우 그때 그때 부분적으로나, 전체적으로 10) (   )고, 장기적인 계획을 세워 원래 상태로 11) (   )는/은/ㄴ 데에는 엄청난 비용과 노력이 요구되니까요.

가: 맞아. 그러니까 우리는 파괴된 뒤 뒷수습에만 매달리지 말고 우리의 삶의 터전인 이 지구와 소중한 유산들을 잘 관리해서 원래대로의 모습을 유지하도록 해야 해. 그리고 이 지구는 우리가 잠시 머무는 곳이 아니고 대대손손 영원히 살아갈 우리의 생활공간이라는 점도 잊지 말아야 해.

문법

-는/은/ㄴ인 반면

3. 다음을 연결하고 '-는/은/ㄴ인 반면'을 사용해서 문장을 만드십시오.

1) 신애 씨는 업무능력은 우수하다 •	• 동생은 사고뭉치이다
2) 우리 회사의 매출은 급성장하고 있다 •	• 야근이 잦고 업무 부담이 크다
3) 형은 우등생이다 •	• 인간관계에는 문제가 많다
4) 우리 회사는 급여 수준은 매력적이다 •	• 가격대가 너무 높다
5) 공공장소 금연 규정에 대해 대부분의 사람들이 환영하다 •	• 원자재 값의 상승으로 수익성은 더 낮아지고 있다
6) 새로 문을 연 식당은 음식 맛과 분위기는 좋다 •	• 일부에서는 지나친 규제라며 반발하고 있다

1) 신애 씨는 업무능력은 우수한 반면 동료들과의 인간관계에는 문제가 많아서 때로는 왕따를 당하기도 해요.

2) ....

3) ....

4) ....

5) ....

6) ....

4. '-는/은/ㄴ인 반면'을 사용해서 다음 대화를 완성하십시오.

1) 가: 요즘 아이들이 예전에 비해 참 덩치들이 좋지요?

나: 네, 그런데 요즘 10대들은 신체 발달은 좋아진~~는/은/ㄴ~~ 반면에 체력은 예전보다 떨어졌어요.

2) 가: 이런 저런 이유로 시골을 떠나 도시로 가는 젊은이들이 많아요.

나: 그러니 ______________________ 는/은/ㄴ 반면 도시 인구는 과잉이 될 수밖에 없지요.

3) 가: 높은 경쟁률을 뚫고 입사해서 그런지 신입사원들이 참 똑똑한 것 같아요.

나: 음, 그런데 요즘 신입사원들은 ______________________ 는/은/ㄴ 반면 문제 해결 능력은 좀 부족한 것 같아요.

4) 가: 이번에 새로 출시된 자동차는 반응이 어때요?

나: ______________________ 는/은/ㄴ 반면 연비가 낮아서 소비자들이 외면하고 있어요.

5) 가: 대학생들에게서 인기 있는 직업이 공무원이라는 얘기를 들었어요.

나: 맞아요. 공무원은 ______________________ 는/은/ㄴ 반면 정년이 보장된다는 점에서 요즘 같이 고용이 불안정한 시기에 선호하는 직업이에요.

6) 가: 요즘 많은 사람들이 은행에 가지 않고 인터넷뱅킹으로 은행 업무를 본대요.

나: ______________________ 는/은/ㄴ 반면 개인정보 유출로 인한 사고가 가끔 생겨 새로운 골칫거리가 되고 있어요.

-으로/로 말미암아

5. 다음은 뉴스의 머리기사들입니다. '-으로/로 말미암아'를 사용해서 한 문장으로 만드십시오.

1) [잦은 내전 국토 황폐화 가속]

➔ 잦은 내전으로 말미암아 국토가 빠른 속도로 황폐화되고 있습니다.

2) [정치 불안 외국인 투자 감소]

➔ ....

3) [남부지방을 강타한 태풍 '매미' 가옥 수백 채 피해]

➔ ....

4) [사교육 열풍 부모들 허리 휘어]

➔ ....

5) [경기 침체 취업은 하늘의 별따기]

➔ ....

6) [짙은 안개 고속도로 마비]

➔ ....

6. [보기]에서 알맞은 표현을 골라 빈 칸에 쓰십시오.

[보기]	근육 파열	측근들의 비리	고교 평준화
	폭력적인 성향	국지성 호우	지구 온난화

1) 가: 최근에 지구 곳곳에서 이상 기후 현상들이 나타나고 있다지요?
   나: 네, 지구 온난화~~으로~~/로 말미암아 기상이변이 급증하고 있어요.

2) 가: ______________ 으로/로 말미암아 상위권 학생들의 학업 성취도가 낮아졌다면서?
   나: 네, 그렇지만 지역 간 학교 간 격차가 많이 줄어들었대요.

3) 가: 어제 인터넷 검색 1순위가 '박지선 선수'였다는데 무슨 일이 있었나요?
   나: ______________ 으로/로 말미암아 올림픽 출전이 불투명해졌대요.

4) 가: '부모는 아이들의 거울'이라는 말이 있지요? 부모의 행동과 말은 아이들의 성격 형성에 중요한 요소로 작용하는 것 같아요.
   나: 맞아요. 부모의 ______________ 으로/로 말미암아 아이들의 성격이 비뚤어지는 경우를 많이 봤어요.

5) 가: 한강 다리 여러 개가 통행금지되었대요.
   나: 큰일 났네요. 비가 빨리 그쳐야 할 텐데요. 이번 ______________ 으로/로 말미암아 발생한 이재민 수만 해도 2천 명을 넘는대요.

6) 가: 요즘 대통령이 고민이 많겠어요.
   나: 그러게요. ______________ 으로/로 말미암아 집권당의 인기가 급속하게 추락하고 있으니 뜻한 대로 정책을 펴기가 힘들지 않겠어요?

7과 3항

읽고 말하기

1. 다음 글을 읽고 질문에 답하십시오.

한글은 한국인이 가장 자랑스러워하는 문화유산이다. 한글은 세종대왕이 우리 민족 구성원의 다양한 언어생활을 깊이 있게 관찰하고 전문적인 언어학 지식을 바탕으로 과학적으로 새롭게 만들어 낸 글자이다. 그러나 소중한 문화유산인 한글이 PC통신이나 인터넷 상에서의 채팅 문화, 휴대폰으로 문자 주고받기가 확산되면서 심각하게 파괴되고 있다.

요즘 휴대전화 문자나 인터넷 상에서는 [뷁, 꼰대, 디비, 그렇삼?, ㄱㅅ, 킹왕짱, 하이^^] 등등과 같은 정체불명, 국적불명의 ________들이 누리꾼들 사이에서 습관적으로 쓰인다. 이들 사이버 ________들은 주로 인터넷과 휴대전화를 통해 만들어진다. 휴대전화의 경우는 한 번에 문자를 보낼 수 있는 양이 한정되어 있고 PC방 같은 곳에서는 사용하는 시간에 비례해서 돈을 내야 한다. 그렇기 때문에 빠른 시간에 많은 내용을 보내기 위해서는 길고 격식을 따지는 표현보다는 짧고 간결한 자신들만의 언어가 더 효율적이므로 이 같은 ________이/가 유행처럼 퍼지고 있는 것이다. 게다가 이들 언어는 거친 소리와 된소리가 뒤섞여, 갈수록 거칠어지고 있으며 맞춤법이나 띄어쓰기를 무시하는 등 언어 파괴 현상도 심각해지고 있다.

더욱이 이 같은 ________이/가 많아지면서 통신 세대와 비 통신 세대 · 신세대와 구세대 간의 대화 단절을 가져 와, 서로 간의 원활한 대화를 위해서는 ________공부를 따로 해야 할 지경에까지 이르렀다. 또한 이러한 한글 파괴 현상은 컴퓨터 통신과 같은 사이버 공간이나 휴대전화에 그치지 않고 친구들끼리 편지를 주고받으면서 ________으로/로 표기하거나 전화나 대화를 하면서도 ________을/를 주고 받아 생활 용어까지 오염시키고 있어 언어순화에 대한 노력이 절실히 요구된다.

한글날이 국경일에서 제외된 이후 한글에 대한 존엄성이 잊혀져 가고 있는 데다가, 한자 병용 표기나 영어 공용화 등에 대한 정부 시책이 일관성 없이 추진되다 보니, 위대한 한글이 설 자리를 잃어가고 있다. 특히 컴퓨터와 휴대전화 사용이 일상화되면서 맞춤법과 한글 표기에도 없는 ________들이 난무하는 등 한글 파괴 현상이 두드러져 언어 순화와 정부 당국의 일관된 정책이 아쉽다. 세종대왕이 지금 우리가 사용하는 한글을 보신다면 뭐라고 말씀하실까?

1) 위 글의 제목으로 가장 알맞은 것은 무엇입니까? (   )

❶ '세종대왕과 한글'
❷ '심각해져 가는 한글 파괴 현상'
❸ '한글, 소중한 문화유산'
❹ '한글과 컴퓨터 통신'

2) 밑줄 친 빈 칸에 공통으로 들어갈 단어를 고르십시오. (   )

❶ 표준어
❷ 비속어
❸ 외계어
❹ 은어

3) 한글 파괴 현상이 불러온 문제점이 **<u>아닌</u>** 것은 무엇입니까? (   )

❶ 격식을 따지면서 짧고 간결하게 말하게 된다.
❷ 전화나 편지에도 정체불명의 표현들이 등장하게 된다.
❸ 부모님들이 자식들이 하는 말들을 알아듣지 못하게 만든다.
❹ 인터넷을 할 수 있는 세대와 할 줄 모르는 세대 간의 대화가 통하지 않게 된다.

4) 여러분들 나라에서도 언어 파괴 현상이 일어나고 있습니까?
사람들은 이러한 현상을 어떻게 생각합니까?
채팅할 때나 문자를 보낼 때 여러분들이 사용하는 재미있는 표현에 대해서 이야기해 봅시다.

듣고 쓰기

CD: 07

2. 다음을 듣고 질문에 답하십시오.

1) 무엇에 대한 이야기입니까? (   )

❶ 한국의 세계문화유산
❷ 미국 한의과대학의 교재
❸ 세계기록유산으로 등재된 동의보감
❹ 세계 의학계에 소개될 동아시아의 전통의학

2) 들은 내용과 맞으면 ○, 틀리면 × 하십시오.

❶ 동의보감은 조선시대에 만들어진 의학 서적이다. (   )
❷ 한국은 모두 6건의 세계기록유산을 보유하고 있다. (   )
❸ 한국의 한의사들이 미국 대학에 파견되어 직접 강의할 것이다. (   )
❹ 동의보감은 영어로 번역돼 미국 한의과대학의 교재로 쓰일 것이다. (   )

3) 자랑하고 싶은 여러분 나라의 문화유산에 대해서 외국인들에게 소개하는 글을 써 보십시오.

한자성어(漢字成語) 2

1. 왈가왈부(曰可曰否)

어떤 일에 대하여 옳거니 옳지 않거니 하고 말함.

- 이번 구조조정에 대해서는 이미 결정된 사안이니 더 이상 왈가왈부하지 맙시다.

2. 무궁무진(無窮無盡)

끝이 보이지 않을 만큼 많음.

- 대통령은 양국 간 협력 가능성은 무궁무진하다며 에너지, 정보통신, 첨단 기술 분야 등에서의 협력 증진을 거듭 강조했습니다.

3. 자급자족(自給自足)

필요한 물자를 스스로 생산하여 충당함.

- 농경 사회는 필요한 대부분의 것을 자급자족하는 사회였다.

4. 자화자찬(自畵自讚)

자기가 그린 그림을 스스로 칭찬한다는 뜻으로, 자기가 한 일을 스스로 자랑함.

- 자화자찬으로 들리겠지만 이 작품은 내가 심혈을 기울인 것으로 비평가들도 한국 현대 미술을 대표할 만한 작품이라고 극찬을 한 바 있다.

5. 전무후무(前無後無)

이전에도 없었고 앞으로도 없음.

- 장수미 선수는 역도에서 올림픽 5연패라는 전무후무의 대기록을 세웠다.

6. 전전긍긍(戰戰兢兢)

몹시 두려워서 벌벌 떨며 조심함.

- 세계 금융 업계는 미국의 유명 투자 회사의 파산으로 겪을 후폭풍에 전전긍긍하고 있다.

7. 주객전도(主客顚倒)

주인과 손님의 위치가 서로 뒤바뀐다는 뜻으로, 사물의 경중 · 선후 등이 서로 뒤바뀜.

- 공교육과 사교육의 주객전도 현상이 일어나서 학생들이 밤늦게까지 학원을 전전하는 일이 벌어지고 있다.

8. 죽마고우(竹馬故友)

대나무로 만든 말을 타고 놀던 벗이라는 뜻으로, 어릴 때부터 같이 놀며 자란 벗.

- 오늘 처음 만난 두 사람은 술이 들어가자 마치 죽마고우처럼 흉금을 터놓고 이야기하기 시작했다.

9. 차일피일(此日彼日)

이 날 저 날 하고 자꾸 기한을 미루는 모양.

- 영수는 돈을 빌려간 지 벌써 2년이나 지났는데도 갚겠다고 얘기만 하고 차일피일 미루고 있다.

10. 학수고대(鶴首苦待)

학의 목처럼 목을 길게 빼고 간절히 기다림.

- 전쟁터에서 실종된 아들이 무사히 돌아오기를 어머니는 학수고대하고 있다.

한자성어(漢字成語) 연습 2

다음을 읽고 알맞은 한자성어를 넣어 대화를 완성하십시오.

1. 가: 오늘도 정희는 하루 종일 휴대전화만 바라보고 있니?
나: 응, 일주일 전에 만난 남자가 자기 이상형이라나?
그래서 전화가 오기만 .... 하고 있어.

2. 가: 왜 그 사람과 동업을 하세요? 좀 더 경험도 많고 능력 있는 사람도 많을 텐데요.
나: 그 친구는 어린 시절부터 한동네에서 친형제처럼 지내온 .... 이어서/여서 믿을 수 있거든.

3. 가: 요즘 뉴스에서 보험회사 직원들의 비리 사건들이 연일 크게 보도되고 있던데 보셨어요?
나: 네, 보험회사의 얼굴인 보험설계사들의 비리가 속속 드러나면서 보험사들은 회사의 이미지가 실추될까 봐 .... 하고 있대요.

4. 가: 와, 정말 맛있다! 이거 도대체 누가 만든 거야?
둘이 먹다가 하나가 죽어도 모르겠네. 누구 솜씨인지 대단하다!
나: 너, ... 이/가 너무 심한 거 아니야? 칭찬이란 원래 다른 사람이 해줘야 빛나는 거야.

5. 가: 박사님, 요즘 집중적으로 연구하시는 분야는 무엇입니까?
나: 우리 연구소는 요즘 대체 에너지 개발 작업이 한창인데 그 중에서도 가장 많은 공을 들이고 있는 분야가 바로 2차 전지입니다.

가: 2차 전지란 새로운 형태의 건전지인가요?
나: 음, 2차 전지는 쉽게 말해 한 번 쓰고 버리는 건전지와 달리 재충전해서 쓸 수 있는 건전지를 말합니다. 그 활용 분야가 .... 하고 경제성도 높기 때문에 세계 여러 나라들이 이 연구에 큰 관심을 보이고 있습니다.

6. 가: 우리가 보기에는 분명히 상대팀이 먼저 반칙을 한 것 같으니 다시 한 번 항의해 봅시다.
나: 이미 심판의 결정이 난 이상 .... 해 봐야 소용없잖아요.

7. 가: 요즘 전기요금, 가스요금이 너무 올라서 부담이 돼요.
나: 그래요? 우리 집은 에너지 절약형 아파트여서 생활비가 훨씬 적게 들어요. 태양광 발전 시설이 갖추어져 있어 전기를 자체 생산할 수 있기 때문에 난방과 샤워용 온수에 쓰이는 에너지의 100% .... 이/가 가능해요.

8. 가: 철재야, 개학이 얼마 남지 않았는데 숙제는 언제 하려고 그렇게 놀러만 다니니? 너 그렇게 숙제를 .... 미루다가는 나중에 크게 후회한다.
나: 내일부터 할 거예요, 내일부터.

9. 가: 포도주의 인기가 식을 줄 모른다지요?
나: 네, 아마 도수가 높지 않고 향도 좋고 또 건강을 중요하게 생각하는 요즘의 분위기와 잘 맞아서 그런가 봐요.
가: 포도주 같은 술은 어디까지나 음식에 곁들여 마시는 것이기 때문에 음식이 더 중요해요. 그런데 지금은 .... 되어서 음식을 포도주에 맞추려는 사람들까지 있어요.

10. 가: 드디어 일일 연속극 '한국어학당'이 평균 시청률 1위를 기록했어요.
나: 그래요? 저도 즐겨보는 드라마인데 소재가 참신하고 이야기가 흥미진진해요.
가: 외국인 배우들의 열연에 힘입어 방송 사상 .... 한 시청률 59%를 기록했답니다.

제 8과 한국인의 생활

8과 1항

어휘

1. [보기]에서 알맞은 단어를 골라 빈 칸에 쓰십시오.

[보기]	체험	장치	소재	형태	처마
	불을 때다	탁해지다	경이롭다	자연친화적이다	

1) 방송국에서 추석을 맞아 외국인들의 한국 (체험) 수기를 모집하고 있다.

2) 요즘 중산층의 의식과 생활을 ( )으로/로 한 작품을 쓰는 소설가가 늘고 있어요.

3) 한국의 전통적인 가족 ( )은/는 대가족이었으나 요즘은 점점 핵가족화되어 가고 있습니다.

4) 에어컨을 장시간 틀면 실내의 공기가 금방 ( )고 건조해지니까 자주 환기시켜야 해요.

5) 근로자들은 직업병과 안전사고에 대한 보호 ( ) 없이 생산현장에 투입돼서는 안 됩니다.

6) 기름으로 새까맣게 뒤덮였던 해수욕장을 수만 명이 발 벗고 나서 불과 일주일 만에 이전 수준으로 복구했다는 사실이 매우 ( )습니다/ㅂ니다.

7) 화랑고등학교는 텃밭 가꾸기나 지리산 종주와 같은 체험 위주의 ( )는/은/ㄴ 교육을 전문적으로 실시하는 특성화 고등학교입니다.

8) 방에 ( )으니/니 구들과 방바닥에 있던 습기가 빠져나가고 싸늘하던 공기도 금방 따뜻해졌어요.

9) ( )은/는 지붕을 밖으로 내밀어서 비나 눈이 내부로 바로 떨어지지 않도록 하고, 밑의 공간은 추위와 더위를 완화시켜 주는 역할을 합니다.

2. 주거 환경에 대한 여러 사람들의 의견입니다. [보기]에서 알맞은 단어를 골라 빈 칸에 쓰십시오.

> **[보기]** 난방시설 냉방시설 방음시설 방수시설 정수시설
> 윗목 아랫목 아궁이 굴뚝 마루 온돌 기와집 초가집

1) 이원일: 회사를 그만두고 몇몇 지인들과 함께 컴퓨터게임 개발 사업을 하려고 합니다. 자금이 넉넉하지 않아 낮에는 사무실로 쓰고 밤에는 숙식을 해결할 수 있는 오피스텔을 얻으려고 합니다. 여러 대의 컴퓨터에서 뿜어져 나오는 열기도 식혀주고 요즘 같은 찜통더위도 피할 수 있도록 (냉방시설)이/~~가~~ 잘 되어 있는 곳이어야 합니다.

2) 박경해: 어떤 사람은 아파트가 성냥갑 같아서 싫다고 하지만 안전하고 편리해서 저 같은 주부에겐 안성맞춤인 것 같아요. 탁 트인 전망을 좋아해서 꼭대기 층에 살면 좋겠는데 주변 사람들이 최상층은 비가 새기 쉽다고 하네요. 그래서 누전도 잘 된대요. 그런데 요즘 세상에 (   )이/가 제대로 안 된 아파트도 있나요?

3) 조승빈: 이웃들과 부대끼지 않고 조용히 살고 싶어요. 나만의 정원이 있어서 아이들이 마음껏 뛰어노는 것도 보고 싶고 좋아하는 개도 몇 마리 기르고 싶으니까 단독주택이 좋겠네요. 추위를 많이 타는 편인데 전에 살던 집은 외풍이 세서 겨울나기가 참 힘들었어요. 집을 계약하기 전에 (   )을/를 철저히 점검할 거예요.

4) 장우영: 저는 시립합창단 소속 성악가입니다. 아직 미혼이어서 살림도 별로 없습니다. 출퇴근하기 편하고 가격도 저렴하고, 작은 공간이지만 효율적으로 쓸 수 있는 원룸을 얻으려고 합니다. 물론 직업이 직업이니 만큼 이웃들 신경쓰지 않고 연습할 수 있는 (   )이/가 완비되어야겠지요?

5) 서필립: 요즘 벌여 놓은 일이 많아서 몸이 두 개라도 모자랄 지경입니다. 저같이 바쁜 사람에게는 한 건물에 슈퍼마켓이나 병원, 상점 등이 함께 있어 건물 밖에 나가지 않아도 볼일을 다 볼 수 있게 주거의 편리함을 극대화시켜 놓은 주상복합아파트가 어울릴 것 같습니다. 그리고 무엇보다도 중요한 것은 식수원이 되는 하천의 오염이 우려되고 있는 요즘 제가 사는 집에서만은 안전하고 깨끗한 물을 마실 수 있게 (   )이/가 잘 갖춰져 있어야 한다는 것이지요.

6) 한사랑: 아토피염과 알러지성 비염으로 고생하는 저는 자연친화적인 전통가옥을 지어서 살고 싶습니다. 새집증후군 때문에 여러 질병을 유발하는 아파트나 조립식 건물과는 달리 한옥은 흙, 돌, 나무 등 자연 재료로만 만들어 건강에 좋을 테니까요. 그런데 일 년에 한 번씩 다시 볏짚으로 지붕을 이어야 해서 번거로운 (   )보다는 하늘을 날아갈 듯한 처마곡선이 아름다운 (   )이/가 살기에 편할 것 같습니다. 한옥에는 무더운 여름이나 추운 겨울을 이길 수 있도록 시원한 (   )과/와 따뜻한 (   )이/가 함께 갖추어져 있어서 모든 것이 부족하던 시절, 자연에 순응하며 알뜰하게 살아가던 우리 조상들의 소박한 삶도 느낄 수 있습니다. 서늘한 (   )에 자리끼를 두고, (   )에 불을 때서 따뜻한 (   )에 온 가족이 모두 모여 도란도란 이야기를 나누며 잠을 청하던 어린 시절 겨울밤이 생각납니다. 집집마다 밥 짓는 연기가 (   )으로/로 솟아오르던 그 옛날 고향 풍경도 그립고요.

문법

-다 못해

3. 다음은 '오늘의 주요 뉴스'입니다. 기사 제목을 보고 '-다 못해'를 사용해서 문장을 완성하십시오.

1) 계속된 가뭄에 굶주린 주민들 불법으로 국경 넘어

2) 그림같이 아름다운 설악산 눈이 부실 지경

3) 헌신적인 것이 지나쳐 오히려 섬뜩한 모정을 그린 영화 '엄마' 1,000만 넘어

4) 인정사정없는 매질을 참을 수 없어 남편을 칼로 살해한 부인 체포

5) 정부와 노동계의 오래된 반목을 지켜보다 지친 시민단체 직접 중재에 나서

6) 낯이 뜨거워 손발이 오그라들기까지 하는 막장 드라마 인기몰이 중

1) 수년간 계속된 가뭄으로 주민들은 굶주리다 못해 먹을거리를 찾아 불법으로 국경을 넘고 있다.

2) ……………………

3) ……………………

4) ……………………

5) ……………………

6) ……………………

4. [보기 1]과 [보기 2]에서 어울리는 것을 골라 '-다 못해'를 사용해서 대화를 완성하십시오.

[보기 1]
- 직장 동료들의 노골적인 따돌림을 참다
- 독재정치와 부정부패를 보다
- 위층의 소음을 참다
- 하도 연락이 없어서 기다리다
- 부당한 대우를 견디다
- 출근길에 세 번이나 갈아타야 하는 불편함을 견디다

[보기 2]
- 집단 소송을 제기했다
- 큰마음 먹고 사 버렸다
- 이별을 통보했다
- 일부 군부 세력과 시민들이 일으켰다
- 사표를 냈다
- 이사하기로 했다

1) 가: 아드님이 남들은 못 가서 난리인 그 회사를 왜 그만두었나요?
나: 직장 동료들의 노골적인 따돌림을 참다 못해 사표를 냈답니다.

2) 가: 날마다 돈 없다고 노래를 부르면서 차를 사셨군요.
나: …………… 다 못해 ……………

3) 가: 아파트가 좋다고 하시더니 웬일로 단독주택으로 이사하세요?
나: …………… 다 못해 ……………

4) 가: 해외뉴스를 보니 지난 번 출장갔던 지역에서 쿠데타가 일어났던데요.
나: …………… 다 못해 ……………

5) 가: 미선 씨가 오랫동안 고민하더니 결국 유학 간 남자친구와 헤어지기로 했나 봐요.
나: …………… 다 못해 ……………

6) 가: 요즘 회사 분위기가 살벌하다면서요?
나: 네, 계약직 직원들이 …………… 다 못해 ……………

-기에 망정이지

5. 다음을 읽고 '-기에 망정이지'를 사용해서 한 문장으로 만드십시오.

1) 예상치 못한 많은 비가 내렸다. 다행히 우산을 미리 준비했기 때문에 소나기를 맞지 않았다.

➔ 우산을 미리 준비해 왔기에 망정이지 하마터면 비를 몽땅 맞을 뻔했어요.

2) 한턱낸답시고 후배들을 데리고 술집에 갔다. 술값이 많이 모자랐지만 다행히 신용카드가 있어서 후배들 앞에서 창피를 면했다.

➔ ....

3) 앞 차와 추돌 사고가 났다. 천만다행으로 서행 운전을 했기 때문에 가벼운 부상에 그쳤다.

➔ ....

4) 물건대금이 두 번이나 청구되었다. 다행히 영수증을 챙겨 놓았기 때문에 두 번씩 대금을 치를 필요가 없었다.

➔ ....

5) 회사에 불이 났다. 소화기가 비치되어 있었기 때문에 큰 화재로 번지는 것을 막을 수 있었다.

➔ ....

6) 폭설이 내려 주민들이 보름 동안 고립되었다. 비상식량을 항상 준비해 놓고 있었기 때문에 굶어죽지 않고 버틸 수 있었다.

➔ ....

6. '-기에 망정이지'를 사용해서 다음 대화를 완성하십시오.

1) 가: 자전거를 타고 가다가 자동차와 부딪쳤다면서 괜찮아요?

나: 안전모를 쓰고 있었기에 망정이지 그냥 바닥에 떨어졌다면 머리가 깨질 뻔했어요.

2) 가: 주말 산행은 어땠어요?

나: ....기에 망정이지 산에 약수터가 없어서 하마터면 갈증으로 큰 고생을 할 뻔했어요.

3) 가: 이번 홍수에 큰 피해는 없었대요?

나: ....기에 망정이지 불어난 강물로 인해 강가에 살던 주민들이 자칫 급류에 떠내려갈 뻔했대요.

4) 가: 조류독감 사태에 정부가 신속하게 잘 대처했다면서요?

나: ....기에 망정이지 그렇게 하지 않았더라면 조류독감이 전국적으로 확산될 뻔했어요.

5) 가: 내가 도움이 되었다니 정말 기쁘구나.

나: ....기에 망정이지 네가 없었더라면 이 일을 혼자 다 하느라고 밤을 하얗게 새웠을 거다.

6) 가: 이번 재즈 콘서트에는 인기 가수들이 대거 출연한다면서요? 입장권 사기가 하늘의 별따기였다던데 운 좋게 구하셨군요.

나: ....기에 망정이지 콘서트에 못 갈 뻔했어요.

8과 2항

어휘

1. [보기]에서 알맞은 단어를 골라 빈 칸에 쓰십시오.

[보기]	그야말로	한사코	온갖	신장	거동	덕목	과찬이다
	수발하다	흔하다	안쓰럽다	마다하다	으뜸가다		

1) 가을 경치가 수려하기로 (으뜸가는)~~는/은/ㄴ~~ 곳을 꼽으라면 역시 설악산이지.

2) 한밤중 병원의 응급실은 ( ) 무기 없는 전쟁터예요.

3) 진수는 친구 일이라면 궂은 일도 ( )지 않고 앞장서서 도와준다.

4) 대통령을 개그나 코메디 영화의 소재로 삼는 것은 요즘 ( )는/은/ㄴ 일이야.

5) 실직하여 형편이 어려운데도 불구하고 ( ) 우리의 도움을 거절하더라.

6) '열정'은 학벌, 문벌, 연령, 과거를 극복할 수 있게 하는 최고의 ( )이다/다.

7) 우리 아이가 지능이 높을 뿐더러 집중력까지 좋다는 선생님의 말씀에 너무 부끄러워서 ( ) 이시라고/시라고 말씀드렸어요.

8) 내 병간호를 하느라 고생에 찌든 아내의 얼굴과 거친 손을 보니 ( )어/아/여 눈물이 나.

9) 이번 일을 성사시키기 위해서 ( ) 수단과 방법을 가리지 않았지만 결국 실패하고 말았습니다.

10) 치매에 걸린 할머니를 ( )고 어린 손자들까지 돌보느라고 우리 어머니는 1년만에 몸무게가 10킬로나 빠져버렸어요.

11) 사후 장기 기증 서약에 따라 사망 직후 김성수 씨의 ( )은/는 한 만성신부전증환자에게 전해져서 새로운 삶을 선물했습니다.

12) 맞춤형 방문건강관리는 장애인, 독거노인 및 산모 등 ( )이/가 불편한 주민을 상대로 의료진이 직접 가정을 방문해 의료 서비스를 제공하는 사업입니다.

2. [보기]에서 다음의 단어와 관계있는 것을 찾고, 그 밖에 무엇이 있는지 써 보십시오.

[보기]

❶ 부모님께 저녁마다 안부전화를 드린다.
❷ 무료급식소에서 자원봉사를 한다.
❸ 할아버지 기일에 제사를 지낸다.
❹ 매달 불우이웃돕기 성금을 낸다.
❺ 대중교통을 이용할 때 노인들께 자리를 양보한다.
❻ 석가탄신일마다 절에 간다.
❼ 군복무는 선택이 아니라 의무사항이다.
❽ 명절에 차례를 지내고 성묘한다.
❾ 부모님이 살아계실 때 잘 해 드려야 한다.
❿ 찬 물도 위아래가 있다.
⓫ 작은 벌레도 함부로 죽이지 않는다.
⓬ 나라를 위해 전쟁터에 나가 싸운다.

1) 홍익인간: ❷ 무료급식소에서 자원봉사를 한다. / ❹ 매달 불우이웃돕기 성금을 낸다.
• 유익한 컴퓨터 프로그램을 개발하여 무료로 공유 또는 배포한다.

2) 장유유서: ....

3) 조상 숭배: ....

4) 불교: ....

5) 충: ....

6) 효: ....

YONSEI KOREAN WORKBOOK 6

문법

-는 둥 마는 둥 하다

3. 다음을 읽고 밑줄 친 내용에 맞게 '-는 둥 마는 둥 하다'를 사용해서 문장을 만드십시오.

일어나니 벌써 8시였다. 자명종 시계를 6시에 맞춰 놓고 잤는데 소용이 없었다. 1) **어젯밤에 옆집에서 들리는 음악 소리 때문에 하도 시끄러워서 자다가 깼다가를 반복했더니** 제시간에 일어나지 못했다. 서둘러 씻고 식사를 하는데 잠을 잘 못 자서 그런지 2) **식욕이 없어서 자꾸 헛숟가락질만 해댔다.** 아내가 서재에 들어갔다가 나온 뒤 3) **정리를 꼼꼼하게 하지 않고 대충대충 해서 돼지우리 같다**고 아침부터 식탁 앞에서 잔소리를 했다. 밥 먹을 때는 개도 안 건드린다는데……. 울컥했지만 애들이 보고 있어서 참았다. 나도 할 말은 있다. 4) **맞벌이하는 아내는 회사일이 많아지면서 집안일을 그때그때 잘 하지 못하고 거의 신경을 못 쓴다.** 아내를 위해 나도 나름대로 한다고 하는데도 아내는 만족스럽지 않은가 보다. 5) **시계를 보니 늦어서 애들에게 인사도 제대로 못하고 밖으로 뛰어나갔다.** 스트레스 때문인지 먹자마자 뛰어서 그런지 운전 중에 배가 너무 아파서 길에다 차를 세워놓고 병원으로 뛰어 들어갔다. 배를 움켜잡고 의사에게 겨우 겨우 증상을 설명하고 있는데 6) **그 의사는 간호사와 이야기를 하느라고 내 말을 잘 듣지 않는 것 같았다.** 나는 화가 머리끝까지 나서 진료실을 박차고 나와 버렸다. 약국을 찾아 약을 사 먹고 속을 달랜 다음 공사현장을 감독하러 갔더니 내가 자리에 없다고 작업자들은 일을 하는 건지 잡담을 하는 건지 삼삼오오 모여 있었다. 마음에 안 들어서 야단을 좀 심하게 쳤더니 작업자들은 장비를 챙겨 집으로 가버렸다. 이 사태를 어떻게 수습해야 할지…….

1) 어젯밤에 옆집에서 들리는 음악 소리 때문에 하도 시끄러워서 잠을 자는 둥 마는 둥 했다.

2) ....

3) ....

4) ....

5) ....

6) ....

4. '-는 둥 마는 둥 하다'를 사용해서 다음 대화를 완성하십시오.

1) 가: 아직 점심때도 아닌데 벌써 식사를 하세요?
   나: 어제 밤늦게까지 게임을 하느라고 늦잠을 자는 바람에 아침을 먹는 둥 마는 둥 했더니 배가 고파서요.

2) 가: 아이들이 엄마, 아빠 없이도 자기 할 일을 알아서 잘 하지요?
   나: 웬걸요. 부모님이 외출하시자마자 .... 는 둥 마는 둥 하고 컴퓨터 앞에만 앉아 있는 걸요.

3) 가: 요즘 정호 씨한테 무슨 걱정거리가 있는 것 같지 않아요?
   나: 수희 씨 눈에도 그렇게 보여요? 회사에서도 땅이 꺼져라 한숨만 쉬고 .... 는 둥 마는 둥 하더니 오늘도 일찍 퇴근해 버렸어요.

4) 가: 얼굴이 푸석푸석해 보이네요. 눈도 빨갛고요.
   나: 오늘 볼 면접시험 때문에 긴장을 해서 어젯밤에 .... 는 둥 마는 둥 했더니 몸이 좀 안 좋아요.

5) 가: 저기 뉴스 좀 보세요. 동작도 절도가 없고 저렇게 어슬렁어슬렁거리는 것이 군기가 좀 빠져 보여요.
   나: 식량보급이 불규칙해지고 그나마 그 양마저 줄어들자 군인들이 .... 는 둥 마는 둥 하는 모양이에요.

6) 가: 아드님 때문에 마음고생이 심하시더니 요즘은 좀 어떠신가요?
   나: 공부에 흥미를 잃고 .... 는 둥 마는 둥 했던 아이가 학교 태권도 동아리에 가입한 뒤부터 학교생활을 즐기게 되었어요.

-던 차이다

5. 다음은 서희 씨가 선배 언니에게 보내는 이메일입니다. '-던 차이다'를 사용해서 문장을 완성하십시오.

Communication Service @YONSEI

공지사항 Q&A 도움말 로그아웃

메일쓰기

보내기 임시저장 다시쓰기 미리보기 음성메일 주소록

보내는 사람

받는 사람 [참조추가] 자주 사용하는 메일주소 최근 보낸 메일주소

제 목

편집모드 HTML TEXT 개별발송 메시지 인코딩 한국어(EUC-KR)

보고 싶은 수진 언니에게

언니, 서희예요. 그동안 잘 지내셨지요? 가족들도 건강하시고요? 지난번 놀러갔을 때 언니가 너무 과로하시는 것 같아 걱정스러웠는데 요즘은 어떠세요? 저는 언니 덕분에 잘 지내고 있어요.

그런데 언니, 제 초등학교 동창 민수 아시지요? 오늘 어학당 앞에서 민수를 만났어요. 너무 반가워서 한참을 서서 얘기하다가, 한잔하면서 이야기를 나누자는 민수의 제안을 흔쾌히 받아들여 술집에 갔어요. 그렇지 않아도 1) 술 생각이 간절하던 차였거든요. 민수가 아르바이트를 해보지 않겠냐고 하데요. 요즘 2) ....던 차였기에 일자리 제안에 귀가 솔깃해졌어요. 그래서 민수랑 같이 그 회사 사무실로 갔는데 거긴 글쎄 다단계 회사였어요. 정말 믿을 사람 없다고 죽마고우인 민수가 어떻게 저를 그런 데에 끌고 갈 수 있지요? 내 눈치를 보는 민수와 어색하게 인사를 나누고 헤어져서 집에 오는데 내내 찜찜했어요.

참, 언니, 오늘 저는 새 이웃이 생겼어요. 옆집에 새로 이사 온 사람이 우리 집에 이사 떡을 돌리러 왔는데 3) ....던 차여서 이사 떡이 그렇게 반가울 수가 없더라고요. 민수에 대해 섭섭했던 마음이 눈 녹듯이 사라지는 것 같았어요. 이사 떡을 먹고 내일 문화체험을 갈 때 뭘 입고 갈까 4) ....던 차에 마침 언니가 보내 준 생일 선물이 도착해서 열어봤더니 멋진 티셔츠와 모자여서 얼마나 기뻤는지 몰라요. 역시 언니랑 저는 이심전심인가 봐요. 언니도 일하면서 공부하느라고 생활비가 빠듯할 텐데 무리하지는 않으셨는지 모르겠어요. 정말 고마워요. 언니, 열심히 공부할게요. 다시 뵐 때까지 건강하게 지내세요.

서울에서 서희가

추신 : 1. 며칠 전에 기숙사로 이사했어요. 하숙집이 너무 시끄럽고 하숙비도 부담스러워서
5) ....던 차에 기숙사에 자리가 나서 신청하게 되었어요.

2. 허락도 받지 않고 언니가 주고 간 오토바이를 팔아 버렸어요.
6) ....던 차였는데 마침 집이 먼 친구가 괜찮은 값에 사겠다고 해서 팔았어요.

6. '-던 차이다'를 사용해서 다음 대화를 완성하십시오.

1) 가: 어제 중국에 간 영미 씨한테서 이메일을 받았어요.

나: 그래요? 그렇지 않아도 소식이 궁금하던 차였는데 요즘 뭐하고 산대요?

2) 가: 요즘 같은 어려운 때에 빨리 취직이 되어서 정말 잘 됐다. 축하해.

나: ______________________던 차에 마침 선생님께서 좋은 자리를 소개해 주셨어.

3) 가: 어떻게 그렇게 싼 값에 집을 장만하셨어요?

나: ______________________던 차였는데 마침 친구네가 급하게 외국에 나가게 되어서 싸게 살 수 있었어요.

4) 가: 어디 아파요? 얼굴이 빨개요.

나: 아니에요. ______________________던 차에 생수병을 주길래 아무 생각 없이 마셨는데 마시고 보니 술이었어요.

5) 가: 힘드실 텐데 녹차 한 잔 드시면서 기분전환 좀 하시지요.

나: 고마워요. 일이 마음 같이 잘 되지 않아서 안 그래도 ______________________던 차였는데 마침 잘 됐군요. 같이 마십시다.

6) 가: 청소년 문제 상담사로 일을 하시게 된 계기가 뭐예요?

나: ______________________던 차에 청소년문제 연구소에서 근무하는 친구가 이 일을 해 보라고 권했어요.

8과 3항

읽고 말하기

1. 다음은 코니 씨가 한국을 방문하고 느낀 점을 쓴 글입니다. 읽고 질문에 답하십시오.

저의 첫 한국 방문은 1992년이었습니다. 한국에 대해서 많이 알지는 못했지만 어머니께서 한국 분이시라서 항상 한국에 관심이 있었기 때문에 아주 뜻 깊은 방문이었습니다. 한 번도 만나본 적이 없었던 친척들은 저를 아주 따뜻하게 맞아주었고 그래서 저는 한국의 정을 느낄 수 있었습니다.

친척집에서 지내면서 가장 좋았던 점은 온돌 생활이었습니다. 의자에 앉는 서양 문화에서는 느낄 수 없었던 친밀감을 느낄 수 있었습니다. 서양식으로 의자에 앉으면 그 자리는 '내 자리'라는 '소유'의 의미가 생깁니다. 반면에 따뜻한 방바닥에 둥그렇게 앉는 온돌 문화는 '개인적인 나'보다는 '우리'라는 느낌을 받을 수 있습니다. 또 온돌은 천천히 데워져 그 따뜻함이 오래 지속되기에 마음의 여유를 가지고 정을 나눌 수 있었습니다. 그래서 한국어에 서툰 저는 온돌 생활 덕분에 조금 더 쉽게 친척들과 가까워질 수 있었습니다.

2010년의 한국은 저의 첫 방문 때에 비하면 더욱 현대화되어 있었습니다. 짧은 시간 동안 이루어낸 급속한 경제 성장과 더불어 세계화가 온 국민의 관심거리가 되었기 때문이라고 합니다. 하지만 현대화되었다는 것은 저에게는 1992년이 그리워진다는 의미이기도 합니다. 1992년에 서울에 왔을 때는 '여기가 독일이 아닌 한국이구나!' 하는 느낌을 받았지만 2010년의 서울은 한국이라는 느낌보다는 세계 어디에서나 볼 수 있는 여느 대도시와 다를 바가 없다는 느낌을 주었습니다.

물론 이러한 빠른 변화와 빠른 타 문화의 흡수가 한국전쟁으로 세계에서 두 번째로 가난했던 나라를 현재 아시아를 넘어 세계 여러 나라들과 어깨를 겨룰 수 있는 나라로 만들어 준 힘이 되었겠지요. 하지만 이런 '빨리 빨리' 문화는 부정적인 면도 없지 않습니다. 무서운 속도로 변하는 사회에서 지나치게 빠른 것을 선호하다 보니 경쟁이 심해지고 경쟁에서 낙오한 사람들은 무시되는 것 같습니다. 그래서 날이 갈수록 개인주의가 만연되어 '우리 함께'가 아니라 '나 먼저'가 중요한 사회가 되어 버린 것 같아 안타깝습니다.

어느 책에선가 한국인들의 민족정서를 '은근과 끈기'로 표현한 글을 본 적이 있습니다. '은근'은 '경박하지 않아 쉽게 끓어오르지 않고 진득함'을 의미하고, '끈기'는 '오래 갈고 닦고 정성을 다함'을 말합니다. 그러므로 '은근'은 '한국의 미'요, '끈기'는 '한국의 힘'이라고 했습니다. 그런데 이 '은근과 끈기'는 '빨리 빨리'를 외치는 요즘의 한국인과는 어울리지 않는 것 같습니다. 아궁이에 정성을 다해 불을 때면 서서히 달구어져 오랫동안 따뜻함을 품고 있는 온돌이야말로 '은근과 끈기'라는 말에 적합한 것 같습니다. 한국인들이 온돌에서 느껴지는 '느림'의 아름다움을 잊지 말았으면 좋겠습니다. 저는 오늘도 제가 사랑하는 사람들과 따뜻한 온돌 바닥에 옹기종기 둘러 앉아 느긋한 마음으로 '우리'를 느껴 보고 싶습니다.

1) 이야기의 중심 내용은 무엇입니까? (　　　　)

❶ 한국인의 정　　❷ 한국발전의 원동력

❸ 한국의 전통 난방법 소개　　❹ 온돌과 한국인의 정서

2) 코니 씨가 생각하는 '온돌'과 **관계없는** 것을 고르십시오. (　　　　)

❶ '빨리 빨리' 문화와 상통한다.

❷ '은근과 끈기'라는 말이 잘 어울린다.

❸ 따뜻함에 마음의 여유가 생겨 정을 나누기 쉽다.

❹ 바닥에 같이 앉으면 '우리'라는 느낌을 공유할 수 있다.

3) 코니 씨가 말한 '빨리 빨리' 문화의 부정적인 면은 무엇입니까?

4) 한국인의 생활(의생활, 주생활, 식생활……) 속에서 찾아볼 수 있는 한국인의 정서에 대해 이야기해 봅시다. 여러분들 나라에 대해서도 이야기해 봅시다.

듣고 쓰기

CD: 08

2. 다음 대화를 듣고 질문에 답하십시오.

1) 위 글의 중심 내용으로 알맞은 것을 고르십시오. (   )

❶ 유교 망국론

❷ 공자의 업적

❸ 국가발전과 유교와의 상관관계

❹ 유교사상의 긍정적 · 부정적 측면

2) 유교사상이 한국 사회에 끼친 부정적인 영향이 **아닌** 것을 고르십시오. (   )

❶ 권위주의 ❷ 경로사상

❸ 서열중심주의 ❹ 남아선호사상

3) 유교사상에 대한 철수의 입장과 어울리는 속담을 고르십시오. (   )

❶ 구관이 명관이다

❷ 새 술은 새 부대에

❸ 달면 삼키고 쓰면 뱉는다

❹ 송충이는 솔잎을 먹어야 산다

4) 여러분은 유교사상이 현대인의 생활에 적합한 가치관이라고 생각하십니까? 여러분의 생각을 간단하게 써 보십시오.

접두사

1. 군-: 군말, 군소리, 군침, 군식구, 군살
'쓸데없는', '덧붙은'의 의미
- 군말하지 말고 제발 시키는 대로 해라.

2. 날-: 날고기, 날생선, 날고구마, 날계란
'음식이나 열매가 익지 않음'의 의미
- 여름에는 날생선을 먹으면 탈이 날 수도 있으니 반드시 조리해서 드세요.

3. 덧-: 덧니, 덧저고리, 덧나다, 덧붙이다, 덧입다
'거듭', '본래 있는 위에 더'의 의미
- 지금까지 논의한 내용에 덧붙일 것이 있으면 말씀해 주시기 바랍니다.

4. 되-: 되찾다, 되돌아가다, 되묻다, 되풀이되다
'도로', '다시'의 의미
- 실패가 되풀이되어서는 안 되니까 이번에 확실하게 그 원인을 밝히고 대책을 세웁시다.

5. 맨-: 맨손, 맨입, 맨다리, 맨바닥, 맨주먹, 맨얼굴
'다른 것을 더하지 않고 그것만'의 의미
- 맨바닥에 앉으면 옷이 더러워지니까 의자에 앉으세요.

6. 외-: 외나무다리, 외길, 외톨이, 외아들, 외며느리
'오직 하나', '홀로'의 의미
- 원수는 외나무다리에서 만난다더니 거래처 대표로 나온 사람이 주차문제로 크게 싸웠던 사람이었다.

7. 풋-: 풋사과, 풋고추, 풋사랑, 풋내기
'과일이나 야채가 덜 익음', '무엇에 익숙하지 않아 미숙함'의 의미
- 영수는 이쪽 방면에 아직 풋내기이니 자네가 잘 가르쳐 주게.

8. 한-: 한복판, 한낮, 한여름, 한겨울, 한밤중
공간적으로 '바로', 시간적으로 '가운데'의 의미
- 한여름에는 너무 더워서 아무 것도 할 수가 없다.

9. 헛-: 헛기침, 헛걸음, 헛소리, 헛소문, 헛수고
'속이 비다', '소용이 없다', '보람이 없다'의 의미

- 어차피 이 일은 성사되지 않을 테니 준비하느라고 괜히 헛수고할 필요없네.

10. 휘-: 휘갈기다, 휘감다, 휘날리다, 휘몰아치다, 휘젓다
'마구', '매우 심하게'의 의미

- 글씨를 휘갈겨 쓰면 알아 볼 수가 없어요.

접두사 연습

다음을 읽고 알맞은 단어를 넣어 대화를 완성하십시오.

1. 가: 미선 씨가 영수 씨하고 보통 사이가 아니라던데 사실이에요?
나: 아, 그거요? 모두 ________________ 이에요/예요. 프로젝트 때문에 두 사람이 함께 있는 걸 보고 누가 만들어 낸 이야기예요.

2. 가: 어떻게 오셨습니까?
나: 약을 발랐는데도 상처가 낫기는커녕 오히려 ________________ 어서/아서/여서 왔어요.
가: 이 약을 바르고 절대로 손을 대지 마세요.

3. 가: 교통경찰까지 온 걸 보니 큰 사고라도 났나 봐요?
나: 아니요, 가벼운 접촉사고가 난 것 같은데 다투느라고 길 ________________ 에서 10분 째 저러고 있어요.

4. 가: 왜 이렇게 늦었어? 30분이나 기다렸잖아.
나: 미안해. 네게 줄 책을 깜박 잊고 안 가져와서 집에 다시 ________________ 어서/아서/여서 가져 오느라고 늦었어.

5. 가: 와! 많이 잡으셨네요. 아무 도구도 없이 이걸 모두 ________________ 으로/로 잡으셨어요?
나: 요령만 좀 배우면 누구나 할 수 있어요.

6. 가: 아니 이렇게 늦은 시간에 웬 운동이에요?

나: 요즘 바쁘다고 운동을 통 안 했더니 ______________ 이/가 많이 붙어서 몸이 둔해요.

7. 가: 이 영화는 예매를 하지 않으면 볼 수 없을 정도라면서요?

나: 네, 요즘 10대 소년 소녀의 상큼발랄한 모험담과 어설픈 ______________ 이/가 많은 사람들의 공감을 얻고 있대요.

8. 가: 이번 올림픽에서 우리 선수들이 최선을 다해 역대 최고의 성적을 올렸다지요?

나: 네, 현지 교민들도 태극기를 ______________ 으며/며 우리 선수들을 열렬히 응원을 해서 그곳 사람들의 부러움을 사기도 했답니다.

9. 가: 내성적인 데다가 결벽증이 심해서 항상 ______________ 으로/로 지내던 영수가 텔레비전에 나오더라.

나: 나도 그 소식 들었어. 그 녀석, 학교 다닐 땐 친구도 한 명 없었는데 말이야.

10. 가: 소시지는 어떻게 만드는지 알아요?

나: ______________ 을/를 갈아서 양념을 한 후에 동물의 창자 속에 넣어 여러 가지 방법으로 가공해서 만드는 거예요.

제9과 미래 사회

9과 1항

어휘

1. [보기]에서 알맞은 단어를 골라 빈 칸에 쓰십시오.

[보기] 위협 반응 용도 절개 원격 봉합 보조 입체영상
한정되다 집도하다 미세하다 거치다 공존하다 구현하다 친화적이다

1) 토론과 설득의 과정은 민주 정치를 (구현하)기 위한 전제 조건이다.

2) 진공청소기의 필터 성능이 떨어지면 ( )는/은/ㄴ 먼지가 걸러지지 않는대요.

3) 공공장소에서 연인들끼리 애정행각을 벌이면 사람들은 어떤 ( )을/를 보일까?

4) 정치, 경제 체제를 근본적으로 달리하는 국가들도 얼마든지 평화적으로 ( )을/ㄹ 수 있습니다.

5) 사람들이 선호하는 주거지역이 ( )다 보니 이들 지역의 아파트 가격은 계속 상승할 것으로 보입니다.

6) 청각장애인 후원단체가 저소득층 난청인들을 위해 수술비를 지원하고 세브란스 병원의 의사들이 그 수술을 ( )기로 했습니다.

7) 각종 질병의 원인이 되는 스트레스가 너무 오래 지속되거나 혹은 그 강도가 너무 지나칠 때는 생명에 ( )이/가 될 수도 있습니다.

8) 건물 일부의 ( )을/를 변경하여 세를 놓으려고 하는데 구청에 신고를 해야 하나요?

9) 다가오는 미래는 종이 지도의 이용이 줄고 ( )을/를 활용한 3차원 지도 이용이 일상화된 시대가 될 거예요.

10) 독사에 물렸을 경우 독을 빨아내려고 물린 부위를 칼로 ( )하는 것은 감염 등의 합병증이 생길 수 있기 때문에 삼가야 한다.

11) 정보통신기술을 활용한 ( ) 교육은 사이버공간을 주 학습장으로 하기 때문에 시간적 · 공간적 제약을 받지 않는다는 장점이 있습니다.

12) 두 살된 딸아이가 자전거에 부딪쳐 코를 7바늘 정도 ( )했는데 어제서야 실밥을 뽑았습니다.

13) 제가 예전부터 궁금했던 것은 한약을 복용하면서 건강(　　　　)식품을 같이 먹어도 상관 없는지 여부예요.

14) 천연가스버스나 재활용 종이로 만들어진 공책은 환경(　　　　)는/은/ㄴ 발명품이라고 할 수 있다.

15) 신종독감은 통상 감염 뒤 48시간 이내에 치료제를 복용해야 효과가 큰데, 병명을 몰라 병원을 전전하면서 여러 검사들을 (　　　　)다 보면 투약 시기가 늦어져 자칫 치료 시기를 놓칠 수도 있다.

2. [보기]에서 밑줄 친 내용과 관계있는 단어를 찾아 쓰십시오.

[보기]	전자결제	원격제어	자동감지	전자상거래	경비절감
	능률향상	문서처리	정보공유	품질향상	

과학기술의 발달로 우리 사회는 많은 부분이 자동화되어 과거에 비해 살기가 매우 편리해졌다. 초고속통신망의 확대는 1) **과거에는 특정계층만이 알 수 있었던 귀중한 고급정보들을 일반 서민들도 쉽게 접할 수 있게 해 주었다.** 시장에 가지 않아도 2) **인터넷 사이트에 만들어진 가상의 가게에서 상품과 서비스를 사고 팔 수 있다.** 수중에 돈이 없으면 3) **신용카드나 휴대전화으로 물품구입 대금을 내기도 한다.** 4) **직장에서 휴대전화로 집에 있는 보일러를 가동시켜** 퇴근하기 전에 따뜻하게 해 놓는다. 집에 아무도 없을 때 5) **가스가 새거나 불이 나면 전자 센서가 스스로 인식하여** 아파트 경비실이나 119에 연락을 한다. 학교숙제나 업무를 볼 때도 6) **컴퓨터를 이용해 보고서를 작성하고 결과물을 이메일로 보낸다.** 컴퓨터를 이용하면 7) **작업이 용이하므로 시간 절약**은 물론 8) **사무기기나 사무용품을 사는 데 드는 비용도 절약**된다. 공장에서도 9) **시설 자동화와 로봇의 발달로 불량품은 거의 0%를 기록하고 있다.**

1) (정보공유)　2) (　　　　)　3) (　　　　)　4) (　　　　)　5) (　　　　)

6) (　　　　)　7) (　　　　)　8) (　　　　)　9) (　　　　)

문법

-다손/ㄴ다손/다손 치더라도

3. 다음 중 맞는 것을 골라 '-다손/ㄴ다손/다손 치더라도'를 사용해서 문장을 완성하십시오.

1) 여유가 없다 ❶ 전화 한 통화할 시간쯤이야 있겠죠. (✔)
❷ 전화 한 통화할 시간도 없어요. (   )

여유가 없다손 치더라도 전화 한 통화할 시간쯤이야 있겠죠.

2) 아무리 배가 고프다 ❶ 수업시간에 김밥을 먹어도 돼요. (   )
❷ 수업시간에 김밥을 먹으면 안 돼요. (   )

3) 지금 좀 고생이 되다 ❶ 미래를 위해서 열심히 일해야 해요. (   )
❷ 미래에는 더 고생스러울 거예요. (   )

4) 아무리 건강하다 ❶ 날마다 밤늦게까지 일하면 몸이 어디 견뎌내겠어요? (   )
❷ 조금씩 쉬어가면서 하면 괜찮을 거예요. (   )

5) 실수로 회사에 손해를 입혔다
❶ 그동안의 실적에도 불구하고 해고 당할 거예요. (   )
❷ 그동안의 실적이 있으니 해고 당하지는 않을 거예요. (   )

6) 자신들의 주장이 옳다
❶ 도로를 점거해서 시위하는 것은 시민들의 지지를 얻기가 어렵겠지요. (   )
❷ 시민들의 지지를 얻기 위해서는 도로를 점거해서 시위를 해야 해요. (   )

4. '-다손/ㄴ다손/다손 치더라도'를 사용해서 다음 대화를 완성하십시오.

1) 가: 어제는 너무 지쳐서 화장도 못 지우고 그냥 곯아 떨어졌어요.
   나: 아무리 피곤하다손~~는다손/ㄴ다손/다손~~ 치더라도 세수는 하고 자야지요.

2) 가: 집 보러 오는 사람은 많은데 자꾸 값을 깎아달라고 해서 못 팔고 있어요.
   나: ______________ 는다손/ㄴ다손/다손 치더라도 사겠다는 사람이 있을 때 빨리 집을 파는 것이 나아요.

3) 가: 부인이 낭비가 심하다고 폭력을 휘두른 남편이 구속되었다는 뉴스를 보셨어요?
   나: ______________ 는다손/ㄴ다손/다손 치더라도 폭력을 휘두르는 것은 용납될 수 없습니다.

4) 가: 평소에 꾸준히 공부했으니까 시험공부는 따로 안 할래요.
   나: ______________ 는다손/ㄴ다손/다손 치더라도 한 번쯤 복습은 하도록 하세요.

5) 가: 어떤 10대 소년이 용돈이 부족해서 친구 집을 털었대요.
   나: ______________ 는다손/ㄴ다손/다손 치더라도 세상에 그럴 수가……. 친구 집을 털다니요.

6) 가: 정부가 국민들이 낸 세금으로 부실은행에 구제 금융을 제공하기로 결정했대요.
   나: ______________ 는다손/ㄴ다손/다손 치더라도 국민의 세금으로 구제 금융을 제공하는 것에 대다수 국민들은 찬성하지 않을 거예요.

-기 나름이다

5. '-기 나름이다'를 사용해서 다음 문장을 완성하십시오.

1) 나라가 흥하고 망하는 것은 국민들이 지도자를 잘 뽑기 나름이에요.

2) 가전제품의 수명은 ______________________________기 나름이지요.

3) 아이들에게 어떤 습관을 갖게 하냐는 ______________________________기 나름이에요.

4) 재래시장 물건 값은 ______________________________기 나름입니다.

5) 최근 이야깃거리가 되고 있는 사진작가 이영호 씨의 작품이 예술이냐 외설이냐는 ________ ______________________________기 나름인 것 같아요.

6) 세계 여러 나라들이 기후 변화와 자원 고갈로 인한 대재앙을 염려하지만 그것은 모두 ________ ______________________________기 나름이다.

6. '-기 나름이다'를 사용해서 다음 대화를 완성하십시오.

1) 가: 남편은 집에 오면 꼼짝도 안 하려고 해요. 집안일 좀 도와주면 좋을 텐데…….
   나: 남자는 여자가 길들이기 나름이야. 웃는 얼굴로 여러 번 부탁하고 남편이 집안일을 하면 칭찬을 많이 해 줘 봐.

2) 가: 선생님, 제 실력으로 좋은 학교에 입학할 수 있을까요?
   나: ______________________________기 나름이지. 아직 1년이나 남아 있으니까 최선을 다해 봐.

3) 가: 이 리모컨 건전지는 얼마나 오래 사용할 수 있나요?
   나: ______________________________기 나름이지요. 하루에 2~3시간 TV를 보면 1년쯤, 그 이상이면 6개월쯤 갈 거예요.

4) 가: 제 친구는 어제 본 영화가 작품성이 뛰어나다는데 제가 보기에는 쓸데없이 난해하기만 하던데요.

나: ______________________기 나름인 것 같아요. 모든 사람이 똑같이 느껴야 하는 건 아니잖아요. 사람마다 취향과 시각에 차이가 있으니까요.

5) 가: 엄마, 친구들도 선생님도 다 나만 미워하는 것 같아요. 난 사랑받고 싶은데…….

나: ______________________기 나름이야. 네 말과 행동에 문제는 없었는지 한 번 되돌아보고 호감을 얻을 수 있게 더 노력해 보도록 하렴.

6) 가: 영수 씨가 이번 국비장학생 선발시험에 합격해서 유학을 가게 되었대요.

나: 잘 됐네요. 그 동안 어려운 가정형편 때문에 고생을 많이 했잖아요. 다들 여건을 탓하지만 영수 씨를 보면 ______________________기 나름이라는 생각이 들어요.

9과 2항

어휘

1. [보기]에서 알맞은 단어를 골라 빈 칸에 쓰십시오.

[보기]	억지로	묵묵히	회계사	도태되다	대비하다
	벅차다	요구하다	안주하다	충실하다	

1) 시차 적응을 위해 (억지로) 자려니 정말 고역이야.

2) 치열한 경쟁사회에서 (　　　　　)지 않기 위해 모두들 열심히 살고 있습니다.

3) 살인적인 물가 때문에 적은 월급으로 생활해 나가기가 매우 (　　　　　)어/아/여.

4) 국민들은 실업자들을 위한 대책을 빨리 세울 것을 정부에 (　　　　　)었다/았다/였다.

5) 경찰은 행여 발생할지도 모를 폭력사태에 (　　　　　)어/아/여 검문검색을 강화하고 있습니다.

6) 김 군은 사교육의 힘을 빌리지 않고 학교수업에 (　　　　　)었던/았던/였던 것이 수석합격의 비결이라고 했어요.

7) 취임식에서 구청장은 지금까지 지켜온 목표와 원칙을 고수하며 (　　　　　) 전진해 나가겠다고 말했다.

8) 전기 자동차를 개발한 연구팀은 현재까지의 결과에 (　　　　　)지 않고 에너지를 절약할 수 있는 차세대 자동차 개발에 착수했다.

9) (　　　　　)이/가 되려면 국가 자격시험에 합격한 후 일정 기간 동안 교육 및 실무 경력을 쌓아야만 정식으로 등록돼 활동이 가능합니다.

2. 다음 추천서의 밑줄 친 내용과 관계있는 단어를 [보기]에서 찾아 쓰십시오.

[보기]

전문지식	폭 넓은 교양	국제 감각	외국어 구사능력	인간미
진취적이며 긍정적인 사고		유연성	창의력	올바른 가치관

추천서

이름 : 서진영

소속 : OO기획

서진영은 2002년 3월에 본교 독어독문학과에 입학하여 2006년 8월에 졸업한 학생으로 재학 중 학교생활에 모범적이었으며 1) **옳고 그름을 바르게 판단할 수 있는 학생이었던 것으로** 기억합니다. 2) **무슨 일이든 긍정적으로 생각하며 학과 및 동아리 생활에서도 끊임없이 새로운 변화를 모색**했습니다. 자신의 3) **전공분야에 대한 지식**은 물론이고 4) **다양한 분야의 소양과 지식**을 쌓기 위해 많은 노력을 기울였으며, 5) **부전공으로 중국어와 영어를 공부하여** 해당 국가로 어학연수도 다녀왔습니다. 또한 서진영은 중국대사관에서 주최한 중국어 말하기 대회에서 수상한 적도 있으며, 6개월의 휴학기간 동안 미국의 다국적기업에서 인턴사원으로 일하면서 6) **세계를 보는 시야를 넓히고** 급변하는 사회에 7) **융통성 있게 대처할 수 있는 능력**도 키웠습니다.

대학을 졸업하고 직장생활을 하면서도 8) **원만한 성격과 남을 먼저 배려하는 행동**으로 동료들의 신망이 두터웠으며 9) **자신만의 새로운 아이디어로 여러 참신한 광고를 기획**한 바 있습니다. 전공지식뿐만 아니라 다양한 경험과 직장에서의 실적으로 보아 서진영이 귀교의 광고 전문 대학원에서 좀 더 깊이 있고 실용적인 지식을 습득한다면 이 분야의 뛰어난 인재가 되리라 믿어 의심치 않습니다. 서진영이 이 사회에서 더욱 전문적인 역량을 발휘할 수 있도록 귀교의 입학을 허락해 주시길 바랍니다.

2009년 10월 20일

OO대학교 문과대학 독어독문학과장

양정우

1) (올바른 가치관) 2) ( ) 3) ( ) 4) ( ) 5) ( )

6) ( ) 7) ( ) 8) ( ) 9) ( )

문법

–는 한이 있더라도

3. 다음을 읽고 사람들의 강한 의지를 '–는 한이 있더라도'를 사용해서 한 문장으로 쓰십시오.

1) **이수환 (디자인 회사 직원):** "부장님이 다른 회사의 디자인을 베껴서라도 판매량을 늘리라고 하는데 절대로 그렇게는 할 수 없습니다. 차라리 사표를 쓰라면 쓰겠습니다."

2) **장세희 (고3 수험생):** "재수, 삼수를 해도 좋아요. 무슨 일이 있어도 꼭 연세대학교에 가고 말 거예요."

3) **박명식 (회사 대표):** "손해를 볼 수도 있겠지요. 하지만 지금 상황으로는 경쟁사와 손을 잡을 수밖에 없습니다. 회사 문을 닫는 것보다는 나을 테니까요."

4) **자비에 (전쟁 난민):** "자유를 찾아 국경을 넘을 거예요. 국경을 넘다가 목숨을 잃는 사람도 많이 봤어요. 하지만 포기하지 않고 시도해 볼 거예요. 자유는 그만한 가치가 있으니까요."

5) **고성진 (생산직 근로자):** "노조가 파업을 결정했지만 저는 그 결정에 반대하는 입장입니다. 파업은 노사 어느 쪽에도 도움이 안 된다고 그렇게 동료들을 설득했건만 마이동풍이었습니다. 배신자라고 동료들로부터 손가락질을 당하는 일이 생길지도 모릅니다. 그러나 저는 제 주장을 굽히지 않겠습니다."

6) **김선화 (마라톤 선수):** "이번 마라톤 경기는 제게 큰 의미가 있어요. 부상 때문에 3년 동안 쉬었거든요. 아직도 완전히 회복되지 않았기 때문에 경기 도중에 쓰러질까 봐 주변에서 걱정들을 해요. 사실은 저도 두려워요. 하지만 꼭 출전할 거예요."

1) 사표를 쓰는 한이 있더라도 다른 회사의 디자인을 베끼는 일은 절대로 할 수 없습니다.

2) ....

3) ....

4) ....

5) ....

6) ....

4. '-는 한이 있더라도'를 사용해서 다음 대화를 완성하십시오.

1) 가: 몸 상태가 좋지 않은데 아쉽지만 수학여행은 포기하는 게 어때?
   나: 비록 가다가 다시 집에 돌아오는 한이 있더라도 가고 싶어요.

2) 가: 시간이 늦었으니 남은 일은 내일 마저 하고 그만 퇴근합시다.
   나: ____________는 한이 있더라도 그날 업무는 그날 반드시 끝내야 해요.

3) 가: 엄마, 우리 집 형편상 무리인 것 같으니 대학은 포기할래요.
   나: ____________는 한이 있더라도 보내줄 테니까 걱정하지 마라.

4) 가: 영수야, 떡이 먹음직스러워 보이는데 나도 좀 줘. 너 혼자 먹기엔 너무 많잖아.
   나: ____________는 한이 있더라도 나 혼자 다 먹을 거야.

5) 가: 이 부장의 회식비 유용 건은 조용히 넘어가는 게 좋겠어.
   나: ____________는 한이 있더라도 이 부장의 비리를 더 이상 덮어두지 않기로 결심했어요.

6) 가: 요즘 젊은 사람들은 꼭 누려야 할 권리인 양 휴가에 큰 의미를 두는 것 같아요.
   나: ____________는 한이 있더라도 휴가비용만은 아끼지 않겠다는 사람들도 있어요.

YONSEI KOREAN WORKBOOK 6

-은/는 고사하고

5. 다음은 소비자 보호원 홈페이지에 올라 온 과대광고 제품들에 대한 고발 내용입니다. '-은/는 고사하고'를 사용해서 문장을 완성하십시오.

1) 일주일만 바르면 머리가 난다는 발모제
2) 주름을 없애 주는 화장품
3) 일주일에 7킬로그램을 뺄 수 있다는 다이어트 식품
4) 하루에 한 시간씩 끼고 있으면 시력이 좋아진다는 콘택트렌즈
5) 잘 때 착용하면 코가 높아진다는 코 집게
6) 여드름을 없애준다는 비누

1) ID 623ahha: 제가 이 화장품을 한 병에 50만원이나 주고 큰 마음먹고 샀어요. 판매원 말로는 이 약을 하루에 두 번 바르기만 하면 일주일 후부터 효과를 볼 거라고 했는데, 머리가 나는 것 은/는 고사하고 점점 더 빠지는 것 같아요. 속았어요.

2) ID 1004yi: ○○회사 주름 방지 화장품은 절대 사지 마세요. 자기 직전에 바르면 3개월 후에는 입가의 팔자 주름이 자취를 감출 거라는 말에 혹해서 샀건만 .... 은/는 고사하고 가장 기본적인 보습효과도 없어요. 하루 종일 얼굴이 푸석푸석해요.

3) ID kjh051: 뚱뚱한 엄마가 부끄럽다고 학교에 오지 말라는 아들놈의 말에 충격을 받고 거금을 들여 다이어트 식품을 구입했습니다. 1주일 치만 먹으면 최소한 7킬로그램이 빠진다고 했는데 .... 은/는 고사하고 오히려 2킬로그램이나 더 쪘답니다. 이거 광고 내용과 달라도 너무 다르지 않습니까?

4) ID baby70: 안경을 끼면 안경이 닿는 부분이 자꾸 짓무르고 두통이 심해서 콘택트렌즈를 사러 갔었습니다. 하루에 한 시간씩 열흘만 끼면 시력이 좋아진다는 콘택트렌즈가 있길래 일석이조겠다 싶어 사서 착용해 봤는데 아니 이게 웬일입니까? .... 은/는 고사하고 눈에 염증이 생겨 사흘째 병원에 다니고 있어요.

5) ID yjj0925: 홈쇼핑에서 코높이 집게를 하나 구입했는데요. 이 회사, 경찰에 고발해서 피해보상을 청구할까 생각중이에요. 잘 때만 하고 있어도 확실히 효과를 볼 수 있다고 장담하는 쇼호스트의 말만 믿고 구입했는데 .... 은/는 고사하고 코 부위 피부가 벗겨져 괴물이 따로 없습니다. 제 코 사진을 함께 올렸으니까 보세요.

6) ID ohlala8: 결혼식 날 세상에서 가장 아름다운 신부가 되고 싶어했던 죄밖에 없는 예비신부입니다. 콧등에 살짝 난 여드름을 없애려고 1개에 3만 원이나 하는, 여드름 제거에 탁월한 효과를 발휘한다는 비누를 사서 사용했는데 ______________ 은/는 고사하고 여드름이 얼굴 전체로 다 번져버렸어요. 1주일 후면 결혼식인데……. 흑흑.

6. '-은/는 고사하고'를 사용해서 다음 대화를 완성하십시오.

1) 가: 생일 축하해! 오늘 아침은 진수성찬이었겠다. 많이 먹었어?
   나: 웬걸. 목감기가 심해서 식사~~은~~/는 고사하고 물 마시기도 힘들어.

2) 가: 요즘 경기는 좋지 않지만 '위기가 곧 기회'라고 하니 사업을 확장해 보는 게 어떻습니까?
   나: 무슨 말씀을요. ______________ 은/는 고사하고 ______________

3) 가: 직장 생활을 오래하셨으니 이제 곧 집 장만을 하실 수 있겠네요.
   나: 천만에요. ______________ 은/는 고사하고 ______________

4) 가: 이번에 이사를 가면 마당에 감나무와 사과나무를 심고 싶어요.
   나: 무슨 소리야, ______________ 은/는 고사하고 ______________

5) 가: 경희 씨 아버님께서 막대한 유산을 남기고 돌아가셨다는데 그 소문 들었어요?
   나: 그럴 리가요. ______________ 은/는 고사하고 ______________

6) 가: 자살하려고 강물로 뛰어든 사람을 구했다면서요? 큰일하셨네요.
   나: 얼떨결에 구하기는 했는데 ______________ 은/는 고사하고 ______________

9과 3항

읽고 쓰기

1. 다음을 읽고 질문에 답하십시오.

미래학자들이 입을 모아 외치는 것 중 하나는 앞으로 개인이 권력을 쥐게 된다는 것이다. 과거 농경시대에 종교가 쥐고 있던 권력은 산업화가 되면서 국가로, 정보화 사회에서는 기업으로 옮겨갔다. 앞으로 우리가 맞이할 후기 정보화 사회에는 이것이 개인으로 옮겨간다는 것이 미래학자들의 전망이다. 그런 의미에서 한국의 촛불시위는 미래학자들이 공식처럼 얘기하는 권력의 전이를 예고한 실감나는 사례라는 점에서 주목을 받고 있다. 이 촛불시위에서 등장한 '똑똑한 군중'은 의식이 있고 권력화된 개인의 출현을 보여줬다는 게 대부분 전문가들의 의견이다.

광역통신망이 더 많이 퍼질수록 대중적 지도력은 줄어들게 된다. 즉 세계적 초고속통신망은 권력을 쥔 개인을 양산해 내며 우리 사회에 엄청난 변화를 몰고 올 전망이다. 그 예로 최근의 사건에서 보듯 정보를 공유하는 권력화된 개인들이 모여 특정인을 죽음으로 몰아가기도 했고, 초고속통신망으로 엮인 무명인들이 촛불시위에 참여하여 대통령을 향해 퇴진을 외치기도 했다.

더욱 더 발전된 정보화 사회가 되면 본격적으로 정부의 영향력이 약해지게 될 것이다. 정부는 앞으로 예상되는 이러한 변화의 물결에 대해 능동적으로 대비하고 대처해야 한다. 정부는 국민이 점점 더 똑똑해진다는 것을 인식하고 정책 홍보와 국민 설득에 힘을 쓰고 똑똑한 군중을 어떻게 다뤄야 할지를 고민해야 한다.

미래학은 지적 유희가 아니라 국가의 생존전략 중 하나이다. 선진국을 중심으로 세계 50여 개국이 의회나 정부 안에 미래위원회를 두고 있는 것이 이를 증명한다. 한국도 현 정부 들어 대통령 직속 미래기획위원회를 출범시켰다. 하지만 아직 '미래'가 아닌 '행정'에 치중하는 인상이다. 진정한 미래위원회는 대중이 지배하게 되는 정보화 사회에서 똑똑한 서민들이 충분히 납득하고 따를 만한 정책과 비전을 제시해야 한다. 그러므로 미래기획위원회는 미래학 전문가, 각 부처 관계자들과 함께 주요 미래 추세를 정확히 예측, 분석하여 그에 대한 대응전략과 정책 대안을 수립하여 선진화를 향한 길라잡이의 역할을 해야 한다.

무지몽매한 국민들을 정부가 가르치고 이끌어가야 했던 시대는 벌써 끝났다. 똑똑해진 국민들은 정부의 머리꼭대기에 앉아 있다. 앞으로 정부는 정신 바짝 차리고 국민들의 목소리에 귀를 기울이며 정책홍보와 국민설득에 역량을 발휘해야 할 것이다.

1) 위 글의 제목으로 가장 알맞은 것을 고르십시오. (　　　)

❶ '국민이 똑똑해야 정부가 산다'

❷ '미래학에서 바라본 미래사회의 모습'

❸ '미래기획위원회, 그 역할은 무엇인가?'

❹ '미래는 똑똑한 개인들이 권력을 차지하는 세상'

2) 위 글의 내용과 **다른** 것을 고르십시오. (　　　)

❶ 농경시대에는 종교인들이 권력을 잡았었다.

❷ 정보화 사회가 발전할수록 정부의 힘은 약화된다.

❸ 서로 모르는 사람들도 초고속통신망을 통해 하나로 뭉칠 수 있다.

❹ 현 정부는 점점 똑똑해지는 개인들을 어떻게 다루어야할지 파악하고 있다.

3) 다음 단어들을 사용해서 위 글을 요약하십시오.

미래	정보화 사회	초고속통신망	개인	권력 정부
영향력	역할	국민	정책	설득

YONSEI KOREAN WORKBOOK 6

듣고 말하기

CD: 09

2. 다음 대화를 듣고 질문에 답하십시오.

1) 위 글의 중심 내용으로 알맞은 것은? (   )

❶ 사생활 침해를 막기 위한 방법

❷ 현대사회에서 일상화된 유비쿼터스 기술

❸ 유비쿼터스 기술과 그 부작용에 대한 우려

❹ 전파인식(Radio Frequency Identification) 기술의 대중화

2) 다음 중 **맞지 않는** 것을 모두 고르십시오. (   )

❶ 한국에서는 누구나 쉽게 정보통신 기술을 접할 수 있다.

❷ 유비쿼터스 기술이 발전할수록 빈부의 격차가 줄어든다.

❸ 우리는 평소에도 유비쿼터스 기술을 자연스럽게 의식하면서 살고 있다.

❹ 전파인식칩이 내장된 신용카드를 사용하면 개인의 사생활 추적이 가능하다.

3) 개발 취지와는 상관없이 인간에게 해를 끼치는 방향으로 악용되는 과학기술에는 어떤 것들이 있을까요? 이야기해 봅시다.

접미사

1. -거리다: 반짝거리다, 방실거리다, 출렁거리다, 비틀거리다, 울렁거리다
'그런 상태가 잇따라 계속됨'의 의미
- 그는 술에 취했는지 몸을 비틀거리며 걷는다.

2. -나다: 별나다, 맛나다, 엄청나다
'그런 성질이 있음'의 의미
- 우리 아이는 하는 짓이 별나서 다음에 어떤 사람이 될지 몹시 궁금하다.

3. -답다: 남자답다, 사람답다, 학생답다, 정답다, 참답다
'성질이나 특성이 있음'의 의미
- 이제는 저도 사람답게 살고 싶어요.

4. -롭다: 명예롭다, 신비롭다, 자유롭다, 풍요롭다, 향기롭다
'그러함', '그럴 만함'의 의미
- 부정을 저질러 부자가 되기보다는 정직하고 명예롭게 살고 싶어요.

5. -스럽다: 복스럽다, 걱정스럽다, 자랑스럽다, 자연스럽다
'그러한 성질이 있음'의 의미
- 아이들이 어른들의 행동을 흉내내는 것은 자연스러운 일이니 걱정하지 마세요.

6. -꾸러기: 장난꾸러기, 욕심꾸러기, 잠꾸러기, 말썽꾸러기, 심술꾸러기
'그것이 심하거나 많은 사람'을 귀엽게 표현
- 너 같은 잠꾸러기가 이렇게 일찍 일어나다니 해가 서쪽에서 뜨겠다.

7. -꾼: 나무꾼, 노름꾼, 사기꾼, 사냥꾼, 구경꾼, 일꾼, 누리꾼
'어떤 일을 전문적으로 하는 사람', '어떤 일을 습관적으로 하는 사람',
'어떤 일 때문에 모인 사람'의 의미
- 그는 사기꾼에게 걸려들어 재산을 다 날렸다.

8. -뱅이: 가난뱅이, 게으름뱅이, 주정뱅이
'그것을 특성으로 가진 사람'의 의미
- 워낙 가진 것 없이 시작해서 언제 이런 가난뱅이 신세를 면할 수 있을지 막막하기만 하네요.

9. -쟁이: 겁쟁이, 고집쟁이, 멋쟁이, 무식쟁이, 욕심쟁이, 심술쟁이
'그것이 나타내는 속성을 많이 가진 사람'의 의미

- 옷도 세련되게 입고 어디를 가도 꼭 분위기를 따져보는 그는 멋쟁이로 소문나 있다.

10. -투성이: 흙투성이, 피투성이, 먼지투성이, 거짓말투성이
'그것이 너무 많은 상태', '그런 상태의 사물, 사람'의 의미

- 청소를 끝내고 나니 옷이 온통 먼지투성이였다.

접미사 연습

다음을 읽고 알맞은 단어를 넣어 대화를 완성하십시오.

1. 가: 학교에 가는데 옷차림이 그게 뭐니? .... 지 못하게.
나: 다들 이렇게 입고 다니는데…….

2. 가: 아직도 잘잘못이 밝혀지지 않은 거야?
나: 말도 마. 다들 하는 말마다 .... 이야/야. 이야기를 듣다보면 도무지 앞뒤가 안 맞아.

3. 가: 기사님, 죄송한데요. 차 좀 잠깐만 세워주세요. 속이 .... 어서/아서/여서 토할 것 같아요.
나: 네, 잠깐만 기다리세요.

4. 가: 선생님, 이번 토론은 주제를 정하지 말고 .... 게 하면 어떨까요?
나: 그러면 진행이 너무 산만해지지 않을까요?

5. 가: 우리 선수가 이번 대회에서 세계 신기록을 세웠다면서요?
나: 네, 대한민국 국민으로서 정말 가슴 뿌듯하고 .... 어요/아요/여요.

6. 가: 지난 주말에 민속촌에 가서 외줄타기를 봤어요.
나: 어땠어요?
가: 저 뿐만 아니라 모든 .... 이/가 환호를 지르기도 하고 가슴을 졸이기도 하면서 재미있게 봤어요.

7. 가: 형제가 어떻게 돼요?

나: 잠시도 가만히 있지 않고 사고를 치는 ______________ 남동생하고 저 이렇게 둘이에요.

8. 가: 이제 좀 일어나지? 그러다가 소가 되겠다.

나: 소가 되다니, 그게 무슨 말이에요?

가: 옛날에 꼼짝도 하기 싫어하는 ______________ 이/가 소가 되었다는 얘기가 있지. 한번 들어볼래?

9. 가: 와! 드디어 완성했다.

나: 뭔데?

가: 비가 올 때 쓰는 모자 우산인데 너도 한번 써 봐.

나: 넌 언제나 기발하고 ______________ 는/은/ㄴ 물건들을 만들어 내는구나.

10. 가: 이 책은 어떤 책이에요?

나: 이 책은 상식과 불가능을 과감하게 뒤집으며 무농약 사과 재배에 최초로 성공한 ______________ 농부의 도전과 끈기, 눈물과 성취의 감동 실화예요.

제10과 진로와 취업

10과 1항

어휘

1. [보기]에서 알맞은 단어를 골라 빈 칸에 쓰십시오.

[보기]	조직	까닭	복리후생	벤처기업	중소기업
	눈을 돌리다	만만치 않다	도전적이다	손꼽히다	

1) 김영수 교수는 국제 금융 사정에 정통한 전문가로 (손꼽히)고 있습니다.

2) 학생회에서는 학생들을 위한 학내 ( ) 시설의 대폭적인 확충을 요구했다.

3) 여러 기업들이 세계 경기 침체에 대응하기 위해 대대적인 ( ) 개편을 추진하고 있습니다.

4) 인기정상의 가수 박하늘 씨가 스스로 목숨을 끊은 ( )은/는 아직도 밝혀지지 않았대요.

5) 오 감독은 어느 팀도 ( )기 때문에 마지막 경기까지 긴장의 끈을 놓을 수 없다고 말했어요.

6) 치열한 경쟁사회에서 살아남기 위해서는 ( )는/은/ㄴ 목표를 수립하고 그에 대한 과제를 성실히 이행하여 자신의 능력을 한 단계씩 향상시켜 나가야 합니다.

7) ( )은/는 성장속도가 빠른 반면 창업자의 일인체제, 마케팅과 재무의 취약성, 과대설비 투자 등등으로 도산할 위험도 크다고 합니다.

8) 국내에서는 게임 출시를 위해 거쳐야 하는 심의 과정이 번거롭기 때문에 국내시장을 포기하고 해외로 ( )는/은/ㄴ 게임업체가 적지 않다.

9) 정부의 대기업 편애와 대기업의 불공정 거래 강요로 ( )이/가 생존의 위기에 처해 있습니다.

2. 다음은 취업지원자를 위한 '취업특강' 안내문입니다. 빈 칸에 어울리는 단어를 [보기]에서 찾아 쓰십시오

[보기]	구직자	구직난	구인난	단순직	전문직
	종사자	진로정보센터	직업적성검사	취업정보사이트	

취업 특강

취업을 원하는 취업준비생들이 심각한 1) (　　　　)을/를 겪고 있는 반면 많은 사업체들은 적당한 사람을 찾지 못해 2) (　　　　)에 시달리고 있습니다. 노동부는 문제 해결에 도움을 주려고, 취업을 앞두고 있는 3) (　　　　)들을 위해 취업에 필요한 구직 기술 향상 및 취업활동을 지원하는 프로그램을 마련했습니다.

■ 지원 대상:
- 구직을 희망하는 자
- 회계사, 변호사, 펀드매니저 등과 같은 4) (　　　　)과/와 식당 종업원, 청소부 등과 같은 5) (　　　　)도 포함
- 자영업 6) (　　　　)은/는 제외

■ 지원 내용:
- 취업에 성공하는 이력서와 자기소개서 작성법 안내
- 취업에 성공하는 면접 요령과 유의사항 소개
- 취업정보 수집 방법 안내-접속 가능한 인터넷 7) (　　　　)과/와 각 구청 8) (　　　　)에서 진로상담 받는 방법 안내
- 9) (　　　　) 실시-신체검사, 일반지능검사, 특수능력검사, 성격 검사 포함
- 창업 준비 시 필요한 사항 소개
- 근로기준법 해설-임금, 퇴직금, 휴가, 근로시간, 해고 등에 대해서 상세히 안내

■ 행사기간: 연중

■ 문　　의: 전국 고용지원센터 1588-1919
노동부 고용서비스 지원과 02-2110-7134

1) (구직난)　2) (　　　　)　3) (　　　　)　4) (　　　　)　5) (　　　　)

6) (　　　　)　7) (　　　　)　8) (　　　　)　9) (　　　　)

문법

-으려고/려고 들다

3. '-으려고/려고 들다'를 사용해서 다음 문장을 완성하십시오.

1) 정부가 사실을 정확하게 밝히지 않고 자꾸 숨기려고 ~~으려고/려고~~ 드니까 더 의심이 가요.

2) 영수 씨는 공부를 하다가 모르는 게 있어도 ____________________으려고/려고 들지 않아요.

3) 동생이 ____________________으려고/려고 들면 방에서 쫓아내 버려라.

4) 어린 새끼 코끼리가 행렬에서 뒤처지자 주변을 어슬렁거리던 사자 무리들이 ____________________ 으려고/려고 들었다.

5) 완전히 고장날 수도 있으니까 ____________________으려고/려고 들지 말고 수리공이 올 때까지 기다리세요.

6) 여당과 야당이 ____________________으려고/려고 드니 문제 해결의 실마리를 찾지 못하는 거예요.

4. '-으려고/려고 들다'를 사용해서 다음 대화를 완성하십시오.

1) 가: 직원들을 좀 다그쳐야겠는데요. 일의 진척이 이렇게 더뎌서야…….
   나: 빨리 하려고~~으려고/려고~~ 들면 얼마든지 빨리 할 수 있겠지만 서두른다고 해서 좋은 결과가 나오는 것은 아니잖아요.

2) 가: 이 장난감은 다 내 거예요. 언니, 오빠에게 주지 마세요.
   나: 넌 .... 으려고/려고 드는데 그러면 못 써.

3) 가: 우리 아이가 요즘은 말도 잘 듣지 않고 .... 으려고/려고 들어서 걱정이에요.
   나: 사춘기라서 그럴 거예요. 시간이 지나면 괜찮아질 테니까 너무 염려하지 마세요.

4) 가: 아이가 귀국한 지 얼마 되지 않았으니 학교생활에 적응하기 힘들어하지요?
   나: 아이고, 말도 마세요. .... 으려고/려고 들어서 고심 끝에 다시 유학을 보내기로 결정했어요.

5) 가: 어느 나라나 자기 민족의 문화적 순수성을 지나치게 고집하는 사람들이 있게 마련이에요.
   나: 요즘 같은 세계화 시대에 .... 으려고/려고 들면 고립되기 십상이지요.

6) 가: 안 그래도 막히는 퇴근길에 도로를 점거하고 시위를 하는 사람들을 보면 이기적인 것 같아 화가 나요.
   나: 책임과 질서는 도외시하고 .... 으려고/려고 들면 공동체의 안정과 평화는 유지되기 어렵다는 걸 왜 모를까요?

–노라면

5. 일간지 연예부 기자가 인기배우 정영애 씨를 인터뷰합니다. '–노라면'을 사용해서 다음 문장을 완성하십시오.

기자 : 정영애 씨, 안녕하십니까? 연예부의 김재석입니다. 인터뷰에 응해 주셔서 감사합니다.

정영애 : 네, 안녕하세요? 반갑습니다.

기자 : 드라마 '열정'의 마지막 촬영을 막 끝내신 걸로 아는데요. 빡빡한 촬영 일정을 소화해 내시려면 많이 힘드셨을 텐데 전혀 피곤해 보이지 않네요. 특별한 비결이라도 있으십니까?

정영애 : 비결이랄 것까지야……. 하하. 1) 자기 전에 따뜻한 물에 30분쯤 몸을 담그고 있노라면 피로가 눈 녹듯이 사라져요.

기자 : 정영애 씨가 출연한 작품마다 연기력 논란이 일고 있는데요. 그 점에 대해서 어떻게 생각하십니까?

정영애 : 지금은 비록 제 연기력이 인정받지 못하고 있지만 2) .... 노라면 언젠간 알아줄 날이 있겠지요.

기자 : 비난을 받으실 때마다 심란하실 텐데 어떻게 마음을 달래십니까?

정영애 : 3) .... 노라면 마음이 평온해진답니다.

기자 : 일이 하기 싫어지거나 일이 없어 무료하실 때는 어떻게 하십니까?

정영애 : 4) .... 노라면 활력이 절로 샘솟아서 다시 시작할 힘을 얻어요.

기자 : 부모님께서 미국에 계시다고 들었습니다. 많이 그리우시겠습니다.

정영애 : 네, 5) .... 노라면 그리움이 파도처럼 몰려와요. 그럴 때면 전화를 드리지요.

기자 : 결혼을 하셔서 나중에 아이가 연예인이 된다고 하면 적극 밀어주실 생각이 있으십니까?

정영애 : 글쎄요. 뭐라 말씀드리기가 어렵네요. 6) .... 노라면 사생활 노출과 도를 넘어선 악플에 가끔 제 자신이 측은하게 느껴지거든요.

기자 : 무슨 말씀인지 잘 알겠습니다. 오늘 바쁘실 텐데 이렇게 시간을 내 주셔서 감사합니다.

6. 다음 고민이나 문제를 읽고 그에 대한 조언을 '-노라면'을 사용해서 쓰십시오.

1) "지금 제가 처해 있는 현실이 너무 암담해서 미래는 꿈조차 꿀 수 없어요."

➜ 현실이 힘들지라도 희망을 가지고 열심히 사노라면 밝은 미래가 기다리고 있을 거예요.

2) "시험에 또 떨어졌어요. 똑같은 실수를 또 했네요. 저는 정말 바보예요."

➜ ....

3) "한 번 읽어봤는데 책 내용이 너무 난해해서 도무지 저자의 집필 의도를 알 수가 없어요."

➜ ....

4) "달리기가 건강에 좋다고 해서 시작했는데 숨도 차고 머리도 아파서 그만두고 싶어요."

➜ ....

5) "OO은행 파산으로 인한 주가하락으로 이번에 큰 손실을 봤어요. 괜히 주식에 투자했어요."

➜ ....

6) "결혼하면서 인생 계획을 세울 때는 이런 일이 내게 일어나리라고는 상상조차 못했습니다. 제 아내가 암이라니요. 정말 절망스럽습니다."

➜ ....

10과 2항

어휘

1. [보기]에서 알맞은 단어를 골라 빈 칸에 쓰십시오.

[보기]			
연수	패기	실업자	입상
철인 3종 경기	완주하다	틀에 박히다	수행하다

1) 다니던 회사가 망해서 졸지에 (실업자) ~~이~~/가 되었습니다.

2) 주어진 자리에서 주어진 업무나 해야 하는 ( )는/은/ㄴ 직장 생활은 내 체질에 맞지 않아.

3) 미국이나 영국 쪽으로 유학을 가고 싶은데, 교환학생으로 갈 지 어학( )만 하고 올 지 아직 결정하지 못했어요.

4) 체력의 한계에 도전하는 마라톤을 세 번 도전한 끝에 드디어 ( )었다/았다/였다.

5) 군사 작전을 ( )던 중 전사한 아버지의 대를 이어 민수는 사관학교에 지원했습니다.

6) 대회 참가자들의 실력이 우위를 가리기가 힘든 상황에서 ( ) 여부는 정신력에 달려 있다고 봐.

7) 저희 서울항공은 2010년 하반기를 맞이하여 넘치는 ( )과/와 뜨거운 열정을 가진 신입사원을 모집합니다.

8) ( )은/는 장거리 유산소운동인 바다수영, 도로자전거타기, 달리기를 차례대로 수행하는 스포츠이기 때문에 도중에 옷을 갈아입을 수가 없으므로 특별히 제작된 경기복을 입어야 합니다.

2. 다음 중 표현이 **틀린** 것을 고르십시오.

1) 책임감 (❹) ❶ 책임감이 강하다 ❷ 책임감이 투철하다 ❸ 책임감이 희박하다 ❹ 책임감이 크다

2) 창의성 ( ) ❶ 창의성이 풍부하다 ❷ 창의성을 익히다 ❸ 창의성을 발휘하다 ❹ 창의성이 부족하다

3) 전공 ( ) ❶ 전공을 살리다 ❷ 전공을 바꾸다 ❸ 전공을 죽이다 ❹ 전공을 정하다

4) 일익 ( ) ❶ 일익을 하다 ❷ 일익을 맡다 ❸ 일익이 되다 ❹ 일익을 담당하다

5) 능력 ( ) ❶ 능력을 펼치다 ❷ 능력을 발휘하다 ❸ 능력이 뛰어나다 ❹ 능력을 수립하다

6) 포부 ( ) ❶ 포부가 크다 ❷ 포부를 꾸다 ❸ 포부를 키우다 ❹ 포부가 없다

7) 직업관 ( ) ❶ 직업관이 투철하다 ❷ 직업관이 뚜렷하다 ❸ 직업관을 세우다 ❹ 직업관을 쌓다

8) 지원동기 ( ) ❶ 지원동기가 뚜렷하다 ❷ 지원동기를 밝히다 ❸ 지원동기를 확립하다 ❹ 지원동기가 특이하다

9) 협동심 ( ) ❶ 협동심을 발휘하다 ❷ 협동심을 펼치다 ❸ 협동심을 높이다 ❹ 협동심이 강하다

10) 실무경험 ( ) ❶ 실무경험을 쌓다 ❷ 실무경험을 살리다 ❸ 실무경험이 풍부하다 ❹ 실무경험을 담당하다

11) 리더십 ( ) ❶ 리더십이 있다 ❷ 리더십을 키우다 ❸ 리더십이 크다 ❹ 리더십을 기르다

12) 자격증 ( ) ❶ 자격증이 풍부하다 ❷ 자격증을 따다 ❸ 자격증을 보유하다 ❹ 자격증을 요구하다

문법

–는/은/ㄴ 바

3. 다음을 연결하고 [보기] 중 알맞은 것을 사용해서 문장을 만드십시오.

[보기] –는/은/ㄴ 바 있어서 –는/은/ㄴ 바로는 –는/은/ㄴ 바를
–는/은/ㄴ 바와 같이 –는/은/ㄴ 바에 의하면 –는/은/ㄴ 바가

1) 각자 나름대로 생각한다 •	• 전혀 없습니다
2) 조세정책을 조사했다 •	• 이야기해 봅시다
3) 교내 절도사건에 대해서 안다 •	• 불합격자들의 심정에 충분히 공감해요
4) 낙방의 슬픔을 경험했다 •	• 계약금은 은행으로 입금시켜 주세요
5) 민수는 내가 만나 봤다 •	• 재산세가 대폭 인상될 거라고 합니다
6) 지난번에 전화상으로 말씀드렸다 •	• 믿을 만한 사람인 것 같아요

1) 각자 나름대로 생각하는 바를 이야기해 봅시다.

2) ....

3) ....

4) ....

5) ....

6) ....

4. '-는/은/ㄴ 바'를 사용해서 다음 대화를 완성하십시오.

1) 가: 유권자들이 왜 박 후보를 대통령으로 뽑았을까요?

나: 박 후보는 기업 사장과 서울 시장을 역임한~~는/은/ㄴ~~ 바 있어서 경제를 살리는 일을 잘 해낼 거라고 믿었기 때문이에요.

2) 가: 10년 전에 비해 고혈압 같은 성인병이 많이 늘었다지?

나: ....는/은/ㄴ 바에 따르면 식습관의 서구화가 주요 원인이라고 합니다.

3) 가: 한국에서 여행을 해 보시니까 어디가 제일 좋던가요?

나: ....는/은/ㄴ 바로는 안동 하회마을이 제일 인상에 남더군요.

4) 가: 정희 씨가 영국대사관에 취직이 되어서 다음 주부터 출근한다면서요?

나: ....는/은/ㄴ 바 있기 때문에 영어로 의사소통하는 데 불편함이 없어서 쉽게 일자리를 얻을 수 있었대요.

5) 가: 겨울이 겨울 같지가 않아. 예전에 비해 눈도 많이 오지 않고 그리 춥지도 않아.

나: ....는/은/ㄴ 바에 의하면 적설량 감소와 이상기온 현상이 모두 지구온난화 때문이래.

6) 가: 창립기념 등반대회 때 점심은 어떻게 하나요?

나: ....는/은/ㄴ 바와 같이 산에서는 취사가 금지되어 있으므로 모두 도시락을 준비하시기 바랍니다.

-을/ㄹ 바에야

5. 여러분이라면 어떻게 하시겠습니까? '-을/ㄹ 바에야'를 사용해서 상황에 맞는 문장을 만드십시오.

1)

임금 인상	회사	점점 투쟁적으로 변모하는 노조를 달래려면 무리를 하더라도 임금을 인상하는 게 좋겠습니다.
	나	무리한 임금인상을 할 바에야 정년연장이나 청년구직자에 대한 고용확대를 하는 것이 노사 양측에 모두 유리합니다.

2)

결혼	영미	비록 책임과 의무는 많아지겠지만 사랑하는 사람과 함께라면 혼자일 때 보다 두 배로 행복하지 않을까요?
	나	

3)

진로	철희	인지도도 낮고 취업률도 형편없는 학교지만 그래도 4년제 대학이니까 지원해 보려고요.
	나	

4)

농산물 가격	농민	채소값이 떨어져서 내다 팔아봤자 인건비도 못 건지겠지만 어렵게 농사지은 것들이니 시장에 가지고 나가 볼까 해요.
	나	

5)

영화 수입	수입 회사	판권 경쟁이 심해서 많은 돈이 들겠지만 관객 동원력이 뛰어나니까 영화수입을 포기할 수 없어요.
	나	

6)

해외 매각	은행	불황으로 경영이 어려워진 은행을 외국의 투자전문 회사에 싸게 매각하기로 결정했습니다.
	나	

6. '-을/ㄹ 바에야'를 사용해서 다음 대화를 완성하십시오.

1) 가: 컴퓨터가 손 볼 데가 많아서 수리하는 데 30만 원쯤 든대요.

나: 아이고, 30만원 주고 고칠 ~~을/ㄹ~~ 바에야 새로 사는 게 낫겠다.

2) 가: 대학원 진학률이 높아졌다는데 원인이 뭘까요?

나: .... 을/ㄹ 바에야 대학원에 입학해서 자신의 역량을 높이려는 학생들이 많은 것 같아요.

3) 가: 전세금이 집값의 70%까지 올라서 상당히 부담스럽습니다.

나: .... 을/ㄹ 바에야 조금 무리해서라도 대출받아 집을 사버릴 거예요.

4) 가: 옆집 영미가 호주로 조기 유학을 간다는데 소식 들으셨어요?

나: 네. .... 을/ㄹ 바에야 차라리 유학을 보내는 게 낫다고 판단하는 부모들이 많아지고 있어요.

5) 가: 부모님의 권유로 마지못해 의과대학에 들어갔지만 공부가 제 적성에 맞지 않아서 하루하루가 지옥이에요.

나: .... 을/ㄹ 바에야 지금 당장이라도 전공을 바꾸는 게 낫지 않을까요?

6) 가: 연예인들의 자살 소식이 올해 몇 번이나 대서특필되었는데요, 사람들은 왜 자살을 할까요?

나: .... 을/ㄹ 바에야 차라리 목숨을 버리는 게 낫다는 판단이 들면 자살을 선택합니다.

10과 3항

읽고 쓰기

1. 다음을 읽고 질문에 답하십시오.

'나의 길' 찾기 교실

많은 부모님들은 자녀들이 공부를 열심히 하기를 기대하며, 특히 '자기 주도적 학습'을 하기를 바랍니다. 아이들이 어렸을 때는 칭찬이나 벌 등 외적인 자극에 의해서 어느 정도 학습동기가 형성되지만 그것은 한계가 있습니다. 공부하려는 마음, 즉 내적 동기가 자연스럽게 형성되어야 부모가 공부하라고 잔소리하지 않아도 스스로 꾸준히 공부하게 됩니다. 특히 청소년기가 되면 내적인 동기가 학습 의욕에 중요하게 작용합니다. 이러한 내적인 학습 동기를 유발하기 위해서는 장래 직업이나 전공, 즉 진로의 결정이 큰 역할을 하게 됩니다. 어려서는 막연했던 미래의 꿈이 구체적으로 보이면 그 꿈을 이루기 위해서 저절로 노력하게 되는 것입니다.

아이들은 자신에 대한 이해가 아직 불분명하기 때문에 진로 결정도 쉽지 않습니다. 따라서 본 프로그램에서는 우선 객관화된 여러 가지 검사를 통하여 의사결정 유형, 성격, 적성, 흥미, 가치관을 탐색합니다. 그 다음에 합리적이고 효과적인 의사결정 방법을 습득하도록 하고, '문제 해결적 사고'에 접근하도록 합니다. 이러한 준비 단계를 거친 후에 자신의 가치관에 부합되는 전공과 직업에 대해서 명료하게 정리하고, 구체적으로 그 직업 세계를 탐색합니다. 마지막으로 진로 목표 달성을 위한 실행 계획표를 작성함으로써 합리적인 중·장기 인생 진로계획을 수립하도록 돕습니다. 물론 이런 과정에서 희망 직업에 대한 성취동기도 함께 고취됩니다. 이와 같이 아이들의 미래 희망이 구체화되면 정서적, 학습적으로 아이들에게 많은 도움이 될 것입니다.

- ■ 대　상 : 중 · 고등학생 (1그룹 당 6명)
- ■ 일　시 : 10월 28일(토)~12월 2일(토)까지 매주 토요일 (총 6회)
  중학생 : 오후 4시–5시 30분 (90분간)
  고등학생 : 오후 6시–7시 30분 (90분간)
- ■ 담　당 : 정형수 상담연구원
- ■ 참가비 : 총 30만원, 기본 검사비 포함
- ■ 신　청 : 전화(☎ 02–702–1234), 선착순 접수

1) 무엇에 대한 이야기입니까? (　　　)

❶ 청소년의 학습동기 유발 방법　　❷ 청소년 진로 탐색 프로그램 소개

❸ 청소년의 진로고민과 직업적성검사 안내　　❹ 청소년의 진로와 성격유형검사 안내

2) 위 글에서 알 수 있는 것은 무엇입니까? (　　　)

❶ 구체적인 직업의 세계　　❷ 학습부진 청소년의 유형

❸ 자기 주도적 학습의 장단점　　❹ 진로결정과 학습동기의 관계

3) 소질과 흥미가 일치하지 않아 진로문제로 고민하고 있는 중학교 2학년 동생이 있다고 가정해 봅시다. 동생이 괴로운 마음을 담아 보낸 편지를 읽고 조언을 하는 답장을 써 보십시오.

형, 잘 지내지?

끼니도 거르지 않고? 여기 가족들은 다 건강하게 잘 지내고 있어.

사실은 하도 답답해서 이렇게 형한테 편지를 써. 형도 알다시피 어려서부터 뱀을 무척 좋아해 파충류 박사가 되는 게 내 꿈이었잖아. 그런데 학교와 학습연구원에서 실시한 적성검사에서 내가 어문 계열에 소질이 많다는 결론이 나왔어. 더욱 충격적인 것은 생물 쪽은 거의 소질이 없다고 나왔지 뭐야. 과학고 진학을 준비 중이었는데, 내가 좋아하는 일과 잘 할 수 있는 일이 이렇게 크게 다르다고 하니 어떻게 해야 할 지 당황스러워. 진로를 바꿔야 할까? 책도 손에 잡히지 않네…….

동생이

사랑하는 동생에게

듣고 말하기

CD: 10

2. 다음을 듣고 질문에 답하십시오.

1) 무엇에 대한 이야기입니까? (   )

❶ 소통의 중요성
❷ 성공적인 취업과 창업 준비
❸ 취업관문을 통과하기 위한 면접 전략
❹ 심각한 취업난으로 인한 청년 실업자 증가

2) 이야기에서 **언급되지 않은** 것은 무엇입니까? (   )

❶ 안나영 씨의 경력
❷ 이력서 쓰는 법
❸ 신입사원의 소통문제
❹ 취업 준비에 필요한 것

3) 기업이 구직자에게 원하는 5종 세트가 **아닌** 것은 무엇입니까? (   )

❶ 소통 능력
❷ 학점과 자격증
❸ 회사업무 관련지식
❹ 대인관계와 비즈니스 예절

4) 여러분은 취업을 위해서 무엇을 갖추어야 한다고 생각합니까? 그리고 성공적인 직장생활을 위해서는 어떤 노력을 기울여야 할까요? 이야기해 봅시다.

복습문제(6과-10과)

1. [보기]에서 알맞은 단어를 골라 빈 칸에 쓰십시오.

[보기]	반응	보조	용도	위협	밀림	장관	연수	기증
	완주하다	눈을 돌리다	흔하다	필연적이다	구태의연하다			
	건립하다	치명적이다	묵묵히	억지로	다방면			

1) 우리 누나는 문학 · 예술 · 체육 등 (　　　　)에 재능이 있어요.

2) 철수는 출신학교에 대한 이야기가 나오면 이상하리만치 민감한 (　　　　)을/를 보여.

3) 마라톤 코스 전 구간을 (　　　　)는/은/ㄴ 사람에게는 기념품을 준답니다.

4) 신입생 환영회에서 내가 싫다고 했는데도 선배는 (　　　　) 폭탄주를 마시게 했다.

5) 방학에는 방송국에서 촬영기사를 따라다니면서 (　　　　)하는 아르바이트를 했어요.

6) 새 대통령이 선출되면 정치 노선이 다른 장관들이 바뀌는 것은 (　　　　)는/은/ㄴ 일입니다.

7) 세상이 아무리 날 보고 이러쿵저러쿵 해도 내 일만 (　　　　) 하다 보면 알아줄 날이 있겠지.

8) 갈수록 심화되는 불황을 이겨내기 위하여 영화계는 합작이나 지분투자를 통해 해외로 (　　　　)고 있습니다.

9) 전직 대통령을 위한 기념관을 (　　　　)기 위한 기금 마련 음악회가 시청 앞 광장에서 열린다고 해요.

10) 학생과 학부모들의 기대 수준은 높아졌지만 십 년 전이나 지금이나 계속되고 있는 (　　　　)는/은/ㄴ 주입식 교육 방식 때문에 불만의 소리가 높아지고 있어요.

11) 올림픽 공원은 체육 공간, 문화예술 공간, 역사와 교육의 장소, 휴식 공간 등 다양한 (　　　　)을/를 갖춘 만능공원으로 자리매김하고 있습니다.

12) 보통 사회 환원이나 봉사에 남다른 관심을 가지고 계신 분들이 장기 (　　　　) 서약을 하는 것 같아요.

13) 운전면허를 따려면 필기시험, 실기시험 이외에 도로에서 실제로 (　　　　)을/를 받아야 한다.

14) 아이들끼리 놀다 싸우는 일은 (　　　　)는/은/ㄴ 일인데 어른들이 열을 내면 싸움이 커지지.

15) 회사가 파산을 하면 협력업체 직원들까지 적어도 8만 명이 생계에 (　　　　)을/를 받을 것으로 예상됩니다.

16) 공장의 화재는 회사에 (   )는/은/ㄴ 손실을 입혀 회사의 존폐가 위태로운 지경이 되었습니다.

17) 이 지역은 높은 기온과 많은 강수량으로 식물의 성장이 왕성하여 열대 (   )이/가 무성해요.

18) 절벽 위에서 수증기가 폭포수처럼 떨어지는 장면이 (   )이어서/여서 관광객들의 발길이 끊이지 않고 있어요.

2. 다음 중 밑줄 친 단어의 쓰임이 **맞지 않는** 것을 고르십시오.

1) (   )

❶ 임대주택 법을 **개정하기** 위해서 임시 국회를 소집했습니다.
❷ 파업 사태에 대해서 모두 머리를 맞대고 대책을 **강구해** 봅시다.
❸ 정부는 다문화사회를 위한 사회통합 강화 정책을 **건립하기로** 했습니다.
❹ 서울시는 패션 및 디자인 산업을 **활성화시키는** 종합방안을 발표했다.

2) (   )

❶ 방문의 창호지는 구멍이 숭숭 **뚫리다** 못해 아예 문틀만 남았어요.
❷ 연세대학교와 해외 유명대학교와의 연계교육과정 협약이 **체결되었다.**
❸ 시위가 **격렬해짐에** 따라 경찰은 불가피하게 최루탄을 사용할 수밖에 없었다.
❹ 세계 최고 기업의 업무방식은 매우 **구태의연하여** 다른 기업의 귀감이 되고 있다.

3) (   )

❶ 자유무역협정에서 관세의 **철폐** 문제는 중요한 쟁점사항일 수밖에 없습니다.
❷ 사양산업이나 한계기업은 이 기회에 부실을 도려내고 새로운 진로를 **요구해야** 한다.
❸ 쌀 시장을 조기에 **개방할** 경우 이에 따른 부작용을 우려하는 시각도 만만치 않아요.
❹ 억울한 누명을 벗고 진실을 밝히기 위해서 모든 수단을 **동원할** 겁니다.

4) (   )

❶ 현재 국내에서 판매되는 하이브리드 차종은 6종에 **불과합니다.**
❷ 직장생활에 지나치게 **충실하면** 가정에 소홀해지게 되더라고요.
❸ 현실에 **안주하다** 보면 현실을 개선하려는 노력을 하지 못하게 마련이지요.
❹ 공항은 국제공항답지 않게 아담해서 이용객들은 크기에 **압도당할** 정도였어요.

5) (   )

❶ 저희 한의사회는 건강사회 **구현을** 위한 노력을 멈추지 않을 것입니다.
❷ 치열한 경쟁 시대에 필요한 것은 창의성과 **틀에 박히지** 않은 사고입니다.
❸ 우리 백화점이 국내 유통업계의 선도적인 역할을 **수행할** 것임을 믿어 의심치 않습니다.
❹ 요즘 젊은이들은 노래 실력보다 화려한 복장이나 외모에 반해 가수를 **섬기는** 경향이 있다.

3. 밑줄 친 단어와 **관계없는** 것을 고르십시오.

1) (　　　)

유적

❶ 소실되다　❷ 발굴하다　❸ 훼손되다　❹ 수발하다

2) (　　　)

문화유산

❶ 심의　❷ 선정　❸ 지정　❹ 입상

3) (　　　)

자유무역

❶ 스크린쿼터제　❷ 세계화　❸ 관세철폐　❹ 시장개방

4) (　　　)

취업

❶ 지원동기　❷ 포부　❸ 자격증　❹ 기금

5) (　　　)

자동화사회

❶ 원격제어　❷ 전자결제　❸ 복리후생　❹ 자동감지

6) (　　　)

문화재 보호

❶ 복구하다　❷ 복원하다　❸ 도굴하다　❹ 보수하다

7) (　　　)

수술

❶ 절개　❷ 덕목　❸ 봉합　❹ 집도

8) (　　　)

진로

❶ 직업적성검사　❷ 상담센터　❸ 인간 소외　❹ 취업정보사이트

9) (　　　)

환경 파괴

❶ 산성비　❷ 지구온난화　❸ 성곽 보존　❹ 전쟁

10) (　　　)

미래형 인간

❶ 유비쿼터스　❷ 생명공학　❸ 대체에너지　❹ 평생직장

11) (　　　)

직업의 종류

❶ 종사자　❷ 자영업자　❸ 전문직　❹ 단순직

4. 다음 단어를 사용하여 문장을 만드십시오.

1) 훼손 / 복구 / 선정하다 / 보존하다

....

2) 손꼽아 기다리다 / 휴가 / 불과하다 / 씁쓸하다

....

3) 난방시설 / 온돌 / 자연친화적이다 / 주목을 받다

....

4) 리더십 / 창의성 / 중소기업 / 벤처기업

....

5) 도태되다 / 안주하다 / 요구하다 / 인재

....

5. 다음 대화를 완성하십시오.

1) 가: 영수는 운동한다고 큰소리치더니 잘 하고 있어?
   나: 웬걸요, ...는/ㄴ답시고 ....

2) 가: 죄송합니다. 앞으로 다시는 똑같은 실수를 저지르는 일이 없도록 하겠습니다.
   나: ....는 날엔 ....

3) 가: 이제 그만 영수 씨와 화해하세요. 언제까지 이렇게 말을 안 할 거예요?
   나: ....은/는 이상 ....

4) 가: 세금이 너무 많이 나왔다고 걱정하시더니 잘 해결되었어요?
   나: ....건만 ....

5) 가: 면접관이 영어를 잘 하냐고 물으면 어떡하지?

나: ______________ 는다는/ㄴ다는/다는 듯이 ______________

6) 가: 이번에 출시될 신제품의 특징에 대해서 간단하게 설명해 주십시오.

나: ______________ 는다는/ㄴ다는/다는/라는 점에서 ______________

7) 가: 김영수 씨는 세계신기록 보유자로 알고 있는데 이번 올림픽에 불참한 이유가 무엇입니까?

나: ______________ 으로/로 말미암아 ______________

8) 가: 김 과장이 이번에 부장으로 승진했다면서? 입사 동기 중에 승진이 제일 빠르지?

나: ______________ 는/은/ㄴ 반면 ______________

9) 가: 어제 서울 시내 교통체증이 극심했다고 하던데 회의에 늦지 않았어?

나: ______________ 기에 망정이지 ______________

10) 가: 영수 씨와 무슨 일이 있었어요? 아침부터 두 분이 한 마디도 안 하시고…….

나: ______________ 다 못해 ______________

11) 가: 신문사는 경쟁률이 높아서 합격할 가능성이 낮을 텐데 다른 회사에 원서를 내는 게 어때?

나: ______________ 다손 치더라도 ______________

12) 가: 에리 씨, 우리 회사 자료실에서 일할 아르바이트생을 구하고 있는데 해 볼 마음 없어요?

나: ______________ 던 차였는데 ______________

13) 가: 직장생활 3년차이면 저축도 꽤 했지요?

나: 웬걸요. ______________ 은/는 고사하고 ______________

14) 가: 그렇게 혼자 끙끙 앓지 말고 고민이 있으면 나한테 털어놓아 봐.

나: ______________ 을/ㄹ 바에야 ______________

15) 가: 마이클 씨가 좌담회 사회를 보는 건 좀 무리가 아닐까요?

나: ______________ 는/은/ㄴ 바가 있기 때문에 ______________

6. 밑줄 친 문법의 쓰임이 **맞지 않는** 것을 고르십시오.

1) (   )

❶ 어머니를 **도와 드린답시고** 부엌을 난장판으로 만들었어요.
❷ 영미는 큰일이 생겨도 **별 일이 아니라는 듯이** 대범하게 행동한다.
❸ 입학시험에 **떨어졌건만** 하루에 세 시간도 못 자면서 열심히 했어요.
❹ 이번에도 또 **떨어지는 날엔** 다시는 기회가 없을 테니까 알아서 해라.

2) (   )

❶ 경찰의 **안이한 대응으로 말미암아** 다 잡은 범인을 놓쳤답니다.
❷ 새로 나온 제품은 **품질이 우수한 반면** 기능도 여러 가지예요.
❸ 사건 배후에 대통령이 있다는 건 **바보가 아닌 이상** 누구나 다 아는 사실이다.
❹ 연세백화점은 고객들의 불만에 대한 사후관리가 **철저하다는 점에서** 평판이 좋아요.

3) (   )

❶ 배가 **부르다 못해** 터질 것 같아요.
❷ 막 잠이 **들려던 차에** 전화가 왔습니다.
❸ 만화책을 덮고 어머니 말씀을 **듣는 둥 마는 둥 했어.**
❹ 비상열쇠가 **있었기에 망정이지** 집에 못 들어갈 뻔했어요.

4) (   )

❶ 목이 아파서 **물은 고사하고** 밥도 못 먹어요.
❷ 사표를 **내는 한이 있더라도** 할 말은 해야겠어요.
❸ 아무리 **힘이 세다손 치더라도** 그건 들 수 없을 거야.
❹ 사람들에게 사랑을 받고 못 받고는 다 **본인 하기 나름입니다.**

5) (   )

❶ 열심히 **사노라면** 고생스러운 날도 있겠지.
❷ 시작을 안 해서 그렇지 **배우려고 들면** 금방 배워요.
❸ **알려진 바와 같이** 다음 주 송년회 모임은 부부 동반입니다.
❹ 그렇게 잠 못 이루고 **뒤척일 바에야** 차라리 일어나서 책이라도 읽으세요.

7. [보기]에서 알맞은 것을 골라서 밑줄 친 부분을 다시 쓰십시오.

[보기]	-노라면	- 다 못해	-는/ㄴ답시고	-을/ㄹ 바에야
	-은/는 고사하고	-기에 망정이지	-는다손/ㄴ다손/다손 치더라도	
	-는 한이 있더라도	-는/은/ㄴ/인 반면	-는/은/ㄴ 바	

1) 전세 값이 뛰고 있어요. 저희 집만 해도 지난달에 비해 20%나 올랐어요. **비싼 집세를 내는 것보다는 차라리** 조금 무리를 해서라도 집을 사는 게 낫겠다는 생각이 들어요.

....

2) 유명 화장품 회사가 20대 여성을 대상으로 **미인의 기준에 대해 조사했습니다. 조사내용을 보면** 서구적인 얼굴을 이상적이라고 생각하는 여성들이 많았습니다.

3) 오랜만에 돌쟁이 조카를 만났습니다. **너무 통통해서 터질 것 같은** 뺨이 매우 사랑스러웠습니다.

4) 박 부장이 까다롭기로 유명하지만 네가 **뢰부리지 말고 지금처럼 계속 열심히 일하다가 보면** 언젠가 인정받을 날이 있을 거야.

5) 우리가 간편하게 사용하고 있는 일회용품은 **썩지도 않고 심지어 많은 양의 오염물질을 발생시켜** 심각한 환경오염을 야기시킨다.

6) 이사를 온 지 얼마 되지 않아서 정리해야 할 것이 산더미예요. 내일 집들이를 하는데 **오늘 밤을 새운다고 해도** 다 끝내기는 어려울 것 같아 한숨만 나오네요.

7) 아이가 유학을 가고 싶다고 하는데 넉넉하지 않은 형편이라 마음이 착잡합니다. 유학을 간다면 **집을 팔아야 할지도 모릅니다. 하지만** 아이가 원하는 것을 할 수 있도록 뒷바라지할 겁니다.

8) 취직하기가 이렇게 어려울 줄 몰랐어요. 전공지식에다가 영어실력에다가 여러 자격증 등등 갖춰야 할 건 왜 그렇게 많은지……. 얼마 전 면접 때는 사회경험을 얘기하라고 하더라고요. **다행스럽게도 방학 때 자원봉사를 몇 번 한 적이 있는데** 그게 아니었으면 대답도 못 했을 거예요.

9) 사람마다 취향이 다르다. 어떤 사람들은 **여름은 덥고 습해서 싫다고 한다. 하지만** 뜨거운 햇볕이 정열적이라며 여름을 즐기는 사람도 있다 .

10) 요즘 나는 출근할 때 입을 깨끗한 셔츠나 양말을 찾기가 매우 힘들다. 아내가 **전기를 절약하려고** 빨래를 모았다가 일주일에 한 번씩 하고, 옷이나 양말도 이틀씩 입게 하기 때문이다. 절약도 좋지만 이건 아닌 것 같다.

부록

-듣기 지문
-모범 답안

듣기 지문

6과 3항 [CD: 06]

기자 안녕하세요, 월간 [경제] 기자 윤미나입니다. 우리나라 국제수지가 작년 12월부터 연속해서 적자라는 TV뉴스와 신문기사가 연일 나오고 있는데요, [경제발전연구소] 이승철 소장님께서는 이 사태를 어떻게 보십니까?

소장 예전의 외환위기가 다시 올지도 모르지요. 97년 외환위기 때보다 상황이 더 심각해질 수도 있고요. 그러니 신문이나 잡지에서도 경제위기가 왔다는 말이 자주 거론되잖습니까?

기자 국제수지 적자가 늘어난다는 것은 무엇을 의미합니까?

소장 국제수지 적자가 늘어난다는 것은 우리나라의 국가경쟁력이 그만큼 약해지고 있다는 의미입니다.

기자 우리나라의 국가경쟁력이 나빠져서 국제수지가 적자가 된다는 말씀인가요?

소장 그렇습니다. 왜냐하면 수출보다 수입이 더 많으면 국제수지가 나빠지지만, 다국적 기업이나 외국인의 우리나라에 대한 직접투자가 늘어나면 국제수지가 좋아지거든요.

기자 좀 더 구체적으로 설명해 주시겠습니까?

소장 수출이 수입보다 적다는 것은 우리나라에서 만든 제품의 경쟁력이 약해졌다는 것이고, 다국적 기업이나 외국인 직접투자가 줄어든다는 것 역시 그만큼 우리나라에서 기업하기가 어려워지고 결과적으로 일자리가 줄어든다는 것을 의미합니다.

기자 그럼 원화환율도 떨어지겠네요?

소장 환율요? 그렇지요. 국제수지가 계속 적자상태로 유지되면, 그만큼 우리나라 원화의 가치는 떨어질 수밖에 없지요. 수출로 벌어들이는 외화보다 수입하는 데 지불해야 하는 외화가 더 많이 필요하니까요. 그렇게 되면 외화의 가치는 높아지고 상대적으로 원화의 가치는 떨어지게 됩니다.

기자 그렇군요. 그러면 만약 지난 97년 외환위기 때처럼 원화가치가 떨어지면 자식을 외국에 유학 보낸 부모들이 무척 힘들어하겠군요.

소장 맞습니다. 그때 갑자기 두 배 이상으로 비싸진 학비와 생활비를 부담하기가 벅차서 중간에 유학을 중단하고 귀국하거나, 아니면 힘들게 아르바이트하면서 공부하느라 고생한 학생들이 아주 많았지요.

기자 우리 국민이 그런 힘든 상황을 다시 겪지 않으려면 어떻게 해야 합니까?

소장 무엇보다도 국가경쟁력을 높이는 것이 급선무입니다. 국가의 주도 하에 경제전문가들이 모여 그 방안들을 시급히 논의해야겠지요.

기자 지금까지 말씀 잘 들었습니다. 바쁘실 텐데 이렇게 귀한 시간을 내주셔서 대단히 감사합니다.

7과 3항 [CD: 07]

조선시대 14대 왕인 선조의 주치의였던 허준이 1610년 집필한 의학서 동의보감(東醫寶鑑)이 7월 31일 유네스코의 세계기록유산(Memory of the World)으로 선정되었습니다. 이로써 우리나라는 훈민정음을 비롯해 모두 일곱 건의 세계기록유산을 보유하게 되었습니다. 이는 우리나라가 아시아에서 가장 많고 세계에서 여섯 번째로 많은 세계기록유산을 확보하게 된 것이어서 우리나라의 문화유산 수준을 세계에 널리 알리는 계기가 될 전망입니다.

이번에 세계기록유산으로 등재가 결정된 동의보감 판본은 국립중앙도서관과 한국학중앙연구원이 각각 소장하고 있으며 보물 제1085호로 지정돼 있기도 합니다.

동의보감은 당시 동아시아에서 간행된 어떤 의학서적보다 체계적으로 서술된 점과 그 독창성을 높게 평가받았습니다. 고대에서 17세기 초까지 아시아의 의학적 지식을 총정리하고 있으며 편찬된 이후 현재까지 한의학적 치료에서 기본적인 의서로 사용되어 왔고 동아시아 전통의학의 과거와 현재, 미래를 반영한다는 점에서도 그 의미가 큽니다.

더욱 더 반가운 것은 동의보감이 영어로 번역이 되어 미국 한의과대학에서 수업 교재로 사용될 거라는 소식입니다. 강의는 자애한방병원 미국 분원 원장들이 담당해 미국 내 한의학도들에게 동의보감에 담긴 우수한 한국 한의학 처방은 물론 한국식 한의학 교습법도 선보이게 됩니다.

동의보감 기념사업단 측은 영어번역 사업과 동반될 미국 내 동의보감 강의를 통해 번역본이 실제 영어 사용자들이 사용하기에 무리가 없는지 시험하고 부족한 점을 개선하는 동시에 세계 한의학계의 중요한 의학서적으로 활용될 수 있는 기반을 마련하겠다고 발표했습니다.

이번 작업의 총 책임연구원인 박명호 자애한방병원 뉴욕 분원장은 "지금까지 미국에서 한의학을 공부해 온 학생들 중 상당수는 동의보감을 구경도 못해 본 실정"이라며 "동의보감의 영문화와 미국 한의과대학에서의 강의를 통해 과학적이고도 우수한 한국 한의학을 세계 의학계에 널리 소개할 것"이라고 밝혔습니다. -YBS 특파원 박윤주였습니다.-

8과 3항 [CD: 08]

에리 철수 씨, 얼마 전 인터넷 서점에서 '공자가 죽어야 나라가 산다'라는 책 광고를 본 적이 있어요. 혹시 철수 씨는 그 책 읽어 봤어요?

철수 네, 베스트셀러여서 저도 읽어봤습니다.

에리 그런데 '공자가 죽어야 나라가 산다'는 것이 무슨 뜻인가요?

철수 아, 그건 유교가 우리나라의 발전을 저해한다는 '유교 망국론'을 이야기하는 겁니다.

에리 아니, 한국에서 어떻게 그런 내용의 책이 나올 수 있나요? 제가 알기로는 유교를 학문적으로 완성시킨 사람이 바로 '공자'이고, 한국은 그 유교의 전통이 아직까지도 많이 남아 있잖아요.

철수 음……. 유교는 우리 한국인의 생활 속에 뿌리 내리면서 긍정적인 영향도 많이 끼쳤지만 부정적인 영향도 그에 못지 않았기 때문에 그런 책이 나온 것 같습니다.

에리 어떤 측면에서 유교사상이 부정적인 영향을 끼쳤나요?

철수 여러 가지가 있지만 먼저 유교의 권위주의적이고 서열중심적인 면을 들 수 있습니다. 유교는 윗사람과 아랫사람, 그 상하 구조를 지나치게 강조한 나머지 권위주의에 빠지기가 쉬워서 윗사람에 대한 직접적인 비판이 용납되지 않고 윗사람의 실수나 잘못이 쉽게 묵인되는 경우가 많지요.

에리 윗사람을 공경하는 문화가 그렇게 변질될 수도 있군요.

철수 그리고 조상을 섬기는 유교에서는 제사를 남자들이 주도하기 때문에 남성우월주의와 남녀 차별적 문화가 만들어졌습니다. 우리 할아버지, 할머니 시절에 여자들은 공부도 제대로 안 시켰답니다.

듣기 지문

에리 아, 저도 남아선호사상 때문에 예전에는 낙태가 빈번했다는 이야기를 들은 적이 있어요. 그런데 철수 씨, 철수 씨도 이 책 저자와 같은 생각이신가요?

철수 글쎄요. 대답하기가 좀 어려운데요. 현대 사회는 유교적인 사고방식과 사상을 가지고 풀어나가기에는 너무 복잡하고 다양해졌습니다. 어느 시대나 그 시대를 움직이는 철학이 존재한다고 생각합니다. 그래서 저는 거세고 빠른 속도로 변화하는 현대 사회에는 거기에 맞는 새로운 가치관이 필요하다고 봅니다.

에리 그래요? 저는 생각이 좀 달라요. 인간이 지켜야 할 도덕과 윤리가 강조되는 유교사상이야말로 점점 각박해지는 이 세상에서 우리가 인간미를 잃지 않고 살아갈 수 있도록 해 주는 꼭 필요한 가치관이라고 생각해요. 저는 한국 사람들이 정이 많다고 생각하는데 그건 아직도 한국 사람들의 사고방식 밑바탕에 유교사상이 많이 깔려 있기 때문이 아닐까요?

철수 그렇게 생각한다면 에리 씨, 이런 제목으로 책 한 권 내 보세요. '공자를 살려야 나라가 산다', 어때요? 하하하.

9과 3항 [CD: 09]

정 희 선생님, '유비쿼터스(ubiquitous)'가 무슨 말이에요? 요즘 많이 이야기되던데요.

선생님 '유비쿼터스'란 굳이 컴퓨터를 통해서 네트워크에 접속할 필요없이, 모든 사물에 내장된 '전파인식칩'으로 언제 어디에서나 모든 것을 제어할 수 있는 환경을 말한단다.

정 희 '전파인식칩'이요?

선생님 그건 일정한 주파수를 이용해 무선으로 각종 정보를 송수신할 수 있게 하는 장치야.

정 희 우리 일상생활에서도 이용되는 기술이에요?

선생님 물론이지. 우리는 특별히 의식하지 못하고 살고 있지만 교통카드, 휴대전화단말기, 자동차, 가전제품 등에도 이 같은 '유비쿼터스' 기술이 활용되고 있지.

정 희 와, 우리가 누리는 편리함이 모두 '유비쿼터스' 덕분이었군요.

선생님 그렇지. 하지만 편리하다고 해서 다 좋은 것은 아닌 것 같다. 우리가 석유로 인해 수많은 편리함을 얻었지만 환경오염과 온난화라는 대가를 지불하고 있듯이 말이야.

정 희 대가라니요?

선생님 예를 들자면 '유비쿼터스' 기술 때문에 개인의 모든 것이 노출될 수 있는 그런 무서운 사회가 될 수도 있어.

정 희 누군가의 사생활이 본인 의지와 관계없이 공개될 수도 있다는 말인가요?

선생님 그래. 자, 모든 사물에 '전파인식칩'이 내장되어 있고 우리가 신용카드를 사용하는 것이 일상화되었다고 가정해 보자. 그런 '유비쿼터스' 세상에서는 마음만 먹으면 사생활 추적이 가능해. '전파인식칩'이 끊임없이 정보를 어딘가에 모으고 또 어딘가로 전송을 하니까 가능한 일이지.

정 희 그런 세상이라면 우리 자신이 감시 당하는지 알지도 못한 채 누군가에 의해 감시를 당할 수도 있겠네요.

선생님 그렇지. '유비쿼터스' 기술 때문에 나쁜 의도를 가진 사람에게 사생활 등 개인정보가 손쉽게 유출되어 피해를 볼 수도 있지. 정보통신기술이 대중화된 우리나라에서 '정보 인권'에 대한 관심은 상대적으로 적으니 정말 걱정스럽구나.

정 희 선생님, 만약 범죄 집단이 '유비쿼터스' 기술을 이용한다면 어떻게 될까요? 생각만 해도 소름이 끼쳐요.

선생님 충분히 가능한 얘기야. 그리고 정희야, '유비쿼터스' 기술은 개인정보 노출 이외에도 또 다른 문제점을 안고 있단다. 이 기술을 이용하려면 가공할 금액의 기반 시설이나 장치를 필요로 하기 때문에 가난한 나라나 개인은 그런 혜택을 충분하게 누리기가 힘들 것이고 그에 따라 개인과 개인, 나라와 나라 사이의 경제적인 격차는 너무나 커지게 되는 거지.

정 희 '유비쿼터스' 사회는 막대한 장점과 엄청난 단점이 공존하는 세상이 되겠군요.

선생님 문제는 이들의 절충을 어떻게 하느냐 하는 건데……. 그래서 학계에서도 이것들에 대한 논의가 많단다. 과연 우리의 미래는 편리함으로 가득 찬 '천국'이 될까 아니면 개인의 자유가 말살되고 감시되는 '지옥'이 될까 하고 말이다.

10과 3항 [CD: 10]

기 자 심각한 취업난 때문에 이 시대의 20대는 '방황하는 영혼들'이라고 합니다. '만년 인턴, 만년 알바 인생도 수두룩할 뿐만 아니라, 바늘구멍 같은 취업 관문을 통과한 이들 중에도 낯선 환경에 적응하지 못해 마음 고생을 하는 경우가 많습니다. 이에 '세상과의 소통기술'을 해결책으로 들고 나온 '소통' 전문가 안나영 씨를 만나서 청년 구직자들에게 도움이 되는 말씀을 들어보려고 합니다. 안녕하십니까? .

전문가 네, 안녕하십니까? 만나서 반갑습니다.

기 자 최근 『대한민국 20대, 말이 통하는 사람이 돼라』는 책을 펴내셨는데요, 그 동안의 경력과 책을 펴내게 된 동기를 말씀해 주시겠습니까?

전문가 저는 문화출판사와 문화고등학교에서 근무한 바 있고 10년 전부터 기업, 대학, 정부기관 등에서 의사소통과 리더십에 대한 강의를 하고 있으며 작년부터 의사소통연구소를 운영하고 있습니다.

기 자 취업 준비생의 '소통'이라면 이력서를 잘 쓰고 면접을 잘 보라는 말입니까?

전문가 20대의 세상 소통은 서툴기 그지없습니다. 최초의 소통은 취업 준비입니다. '취업준비 5종 세트'가 뭔지 아십니까? 흔히 학점과 자격증, 토익 점수, 해외연수, 인턴 경력을 꼽지요. 하지만 기업이 원하는 5종 세트는 점점 변하고 있습니다. 소통, 문서 작성, 프레젠테이션, 대인관계와 비즈니스 예절, 회사 업무 관련 지식이 바로 그것입니다. 구직자는 직장이 뭘 원하는지부터 제대로 알아야 합니다.

기 자 직장 새내기들의 소통에도 문제가 많다는데요. 어떻게 생각하십니까?

전문가 신입사원도 길게 보면 '인생 취업' 준비생입니다. 다들 부러워하는 굴지의 대기업에 들어가도 3

듣기 지문

넌 안에 그만두는 경우가 20~30%에 이른다고 합니다. 요즘 젊은이들은 똑똑하고 갖출 만한 조건을 다 갖추고 자기 표현력도 있습니다. 하지만 직장사회는 상사 · 조직 · 고객과 잘 통하는 사람을 선호합니다. 한마디로 세상은 '누구와도 말이 잘 통하는 사람'을 원합니다. 젊은이들은 자신들이 PC 채팅과 인터넷 등 디지털 소통에 너무 길들여져 있지 않은지 되돌아봐야 합니다.

기 자 그럼 구직자들이 알아두어야 할 ' 소통하는 법'을 구체적으로 알려 주십시오.

전문가 어느 컴퓨터 관련회사 신입사원 면접에서 '여덟 살 난 조카에게 데이터베이스의 개념을 어떻게 설명할 건가'라는 질문을 했다고 합니다. 어린이와도 잘 소통할 수 있는 지를 떠본 것입니다. 세대를 넘나들면서 소통을 잘하는 사람이 그 회사가 바라는 인재였던 것이지요. 사람과 관계를 맺는 세상살이의 90%는 소통 활동입니다. 구직자들이 명심해야 할 제일 중요한 것은 직장을 선택하기 이전에 꿈을 먼저 잡아야 한다는 사실입니다. 그 다음에는 '대세'와 '안정'이라는 장애물을 치우고 자신감 있게 도전해야 합니다. 20대에 터득한 소통기술과 소통하려는 자세는 평생을 좌우합니다. 여러 기종과 호환 가능한 전자 칩은 값이 비싸지 않습니까? 사람도 마찬가지입니다.

기 자 알겠습니다. 지금까지 도움 말씀 감사드립니다.

모범 답안

제6과 가까워지는 세계

6과 1항

1. 2) 불과하던 3) 관심어린 4) 내색을 하지
   5) 힐끔거리면서 6) 표면적인 7) 필연적으로
   8) 개정 9) 배타적이라는 10) 다문화 사회로
   11) 심정을 12) 다민족
2. 2) 친구가 화해를 청했어요.
   3) 선생님께 조언을 구했어요.
   4) 친구에게 고충을 털어놓았어요.
   5) 어머니의 충고를 따르고 있습니다.
   6) 마찰을 겪고 있습니다.
   7) 갈등을 해소했습니다.
3. 2) 선생님 말씀을 듣고 잘 알겠다는 듯이 고개를 두어 번 끄덕였습니다.
   3) 아이는 큰일이 났다는 듯이 헐레벌떡 뛰어왔어요.
   4) 유미는 정희의 주장이 매우 못마땅하다는 듯이 이맛살을 찌푸리며 팔짱을 꼈어요.
   5) 윤수는 사과를 하면서 부끄럽고 죄송스럽다는 듯이 고개를 숙이고 머리를 긁적거렸습니다.
   6) 철수는 수업이 지루하다는 듯이 계속 하품만 해 댄다.
4. 2) 예상이라도 했다는 듯이
   3) 처음 듣는다는 듯이
   4) 아무 일도 없다는 듯이
   5) 다급한 일이 있다는 듯이
   6) 아무렇지도 않다는 듯이
5. 2) 매운 음식에 익숙해지려고 애썼건만 아직도 쉽지 않은 일이야.
   3) 고향도 출신 고등학교도 같건만 어쩐지 잘 친해지지 않아.
   4) 오해를 풀고 화해하고 싶건만 좀처럼 만날 기회가 없어.
   5) 고민에 고민을 거듭했건만 아직도 결정을 내리지 못하고 있어.
   6) 그가 내 마음을 알아주었으면 좋겠건만 전혀 모르는 눈치여서 정말 답답해.
6. 2) 수십 군데 회사에 지원서를 냈건만
   3) 부모님께 도움을 청해 보았건만
   4) 조심하라고 그렇게 주의를 줬건만
   5) 법적으로는 많이 나아졌건만
   6) 물가 안정 대책을 발표했건만

6과 2항

1. 2) 기금 3) 관세 4) 타격 5) 수혜자
   6) 장벽 7) 격렬하다 8) 뚫리다 9) 강구하다
   10) 체결되다 11) 활성화 12) 치명적이다
   13) 다방면
2. 2) 관세 철폐를 3) 시장 개방 4) 세계 무역 기구는
   5) 자유 무역 협정을 6) 국제 수지
   7) 세계화 시대로 8) 다국적 기업은
   9) 적자를 10) 환율이 11) 외화로
   12) 외환위기 13) 국가 경쟁력을
3. 2) 아들 녀석이 잠자리를 잡는답시고
   3) 남편은 담배를 끊는답시고
   4) 영수가 새로운 사업을 구상한답시고
   5) 여자 친구에게 멋있는 모습을 보여준답시고
   6) 아내가 철 지난 옷을 정리한답시고
4. 2) 사업을 한답시고 우리 집을 담보로 은행에서 대출을 받았다.
   3) 엄마를 도와준답시고 요리를 하다가 불을 내고 말았다.
   4) 컴퓨터 내부 구조를 알아본답시고 컴퓨터를 다 분해해버렸다.
   5) 멋진 옷을 만든답시고 커튼을 가위로 다 잘라버렸다.
   6) 일자리를 찾는답시고 하루 종일 집밖으로만 돈다.
5. 2) 통금시간을 어기는
   3) 고속도로가 개통되는
   4) 불이라도 나는
   5) 그러다가 걸리는
   6) 이번 협정에서 큰 성과를 내지 못하는
6. 2) 운전하다가 사고라도 내는
   3) 이번 정기모임에도 불참하는
   4) 다시 한 번 나를 멍청이라고 놀리는
   5) 건강을 잃어버리는

모범 답안

6) 자유무역협정이 체결되는

6과 3항

1. 1) 외국인들의 경영환경과 생활환경을 개선하기 위하여
   2) ❹
   3) ❶ – 다),카) ❷ – 사),차) ❸ – 아),타)
   ❹ – 라),자) ❺ – 나),바) ❻ – 가),마)
2. 1) ❸
   2) ❶ ○ ❷ × ❸ × ❹ ×

한자성어 연습 1

1. 오리무중 2. 비일비재 3. 약방감초
4. 동고동락 5. 구태의연 6. 감언이설
7. 마이동풍이었잖아요 8. 산전수전
9. 당연지사 10. 새옹지마라더니

제7과 소중한 문화유산

7과 1항

1. 2) 길목을 3) 명당 4) 트인다고 5) 배후는
   6) 물자유통이 7) 측면 8) 효심이 9) 유적지로
   10) 동원할 11) 성곽은
2. 2) 유물과 3) 유적이 4) 보물로 5) 국보로
   6) 지정 7) 문화유산 8) 자연유산 9) 심의
   10) 선정 11) 보존과
3. 2) ❶ 3) ❷ 4) ❶ 5) ❶ 6) ❷
4. 2) 절반이나 올라온
   3) 주방에서 요리를 시작한
   4) 그 아이가 울고 있는 것을 본
   5) 이미 결정이 내려진
   6) 국가 대표로 선발된
5. 1) ❷ 자신이 부족한 부분에 대한 집중 학습이 가능하다는
   ❸ 학습을 통해 습득한 지식을 스스로 분석할 수 있다는
   ❹ 장소 이동이 없으므로 시간이 절약된다는
   2) ❶ 남녀노소가 함께 즐길 수 있는 가족용이 많다는
   ❷ 실제 공연을 봄으로써 영화보다 더 큰 생동감을 느낄 수 있다는
   ❸ 노래와 춤으로 감정을 극대화 시켜 표현하기 때문에 관객이 몰입하기 더 쉽다는
6. 2) 그만큼 보상이 따른다는
   3) 환자의 결정을 존중한다는
   4) 연비가 낮다는
   5) 일확천금을 꿈꿔볼 수 있다는
   6) 좋은 일도 하고 제 자신의 삶도 뒤돌아 볼 수 있었다는

7과 2항

1. 2) 내친 김에 3) 어마어마한 4) 웅장한
   5) 밀림이 6) 전적으로 7) 지반을
   8) 씁쓸하기 9) 압도당하게 10) 장관을
   11) 사원은 12) 소실된 13) 황폐화되고
2. 2) 자연재해 3) 산성비 4) 지반 약화
   5) 전쟁 6) 관광 산업 7) 복구하려면
   8) 도굴로 9) 훼손되고 10) 보수공사를 하고
   11) 복원하는
3. 2) 우리 회사의 매출은 급성장하고 있는 반면 원자재 값의 상승으로 수익성은 더 낮아지고 있어요.
   3) 형은 우등생인 반면 동생은 사고뭉치라고 하네요.
   4) 우리 회사는 급여수준은 매력적인 반면 야근이 잦고 업무 부담이 큰 것이 단점이야.
   5) 공공장소 금연 규정에 대해 대부분의 사람들이 환영하는 반면 일부에서는 지나친 규제라며 반발하고 있다.
   6) 새로 문을 연 식당은 음식맛과 분위기는 좋은 반면 가격대가 너무 높아서 자주 가지는 못할 것 같아요.
4. 2) 시골은 일손조차 구하기 어려운
   3) 아는 것은 많은
   4) 디자인에 대한 반응은 좋은
   5) 보수는 낮은
   6) 인터넷 뱅킹은 편리한
5. 2) 정치 불안으로 말미암아 외국인 투자가 급격히

감소하고 있습니다.

3) 남부지방을 강타한 태풍 '매미'로 말미암아 가옥 수백 채가 피해를 입었습니다.

4) 사교육 열풍으로 말미암아 부모들의 허리가 휘고 있습니다.

5) 경기 침체로 말미암아 취업은 하늘의 별따기라고 합니다.

6) 짙은 안개로 말미암아 고속도로가 마비되어 차들이 꼼짝도 못하고 있습니다.

6. 2) 고교 평준화로

3) 근육 파열로

4) 폭력적인 성향으로

5) 국지성 호우로

6) 측근들의 비리로

7과 3항

1. 1) ❷

2) ❹

3) ❶

2. 1) ❸

2) ❶ ○ ❷ × ❸ × ❹ ○

한자성어 연습 2

1. 학수고대 2. 죽마고우여서 3. 전전긍긍

4. 자화자찬이 5.무궁무진 6. 왈가왈부

7. 자급자족이 8. 차일피일 9. 주객전도

10. 전무후무

제8과 한국인의 생활

8과 1항

1. 2) 소재로 3) 형태는 4) 탁해지고

5) 장치 6) 경이롭습니다 7) 자연친화적인

8) 불을 때니 9) 처마는

2. 2) 방수시설이 3) 난방시설을

4) 방음시설이 5) 정수시설이

6) 초가집/기와집이/마루와/온돌이/윗목/아궁이/아랫목/굴뚝으로

3. 2) 설악산은 아름답다 못해 눈이 부실 지경이었습니다.

3) 헌신적이다 못해 섬뜩한 모정을 그린 영화 '엄마'가 관객 천 만을 넘어섰습니다.

4) 인정사정 없는 매질을 참다 못해 남편을 칼로 찔러 죽인 아내가 체포되었습니다.

5) 정부와 노동계의 오랜 반목을 지켜보다 못해 시민단체들이 직접 중재에 나섰습니다.

6) 낮이 뜨겁다 못해 손발이 오그라들기까지 하는 막장 드라마가 요즘 인기를 끌고 있습니다.

4. 2) 출근길에 세 번이나 갈아타야 하는 불편함을 견디다 못해 큰마음 먹고 사버렸어요.

3) 아파트 위층의 소음을 참다 못해 이사하기로 했어요.

4) 독재정치와 부정부패를 보다 못해 일부 군부세력과 시민들이 쿠데타를 일으켰대요.

5) 하도 연락이 없어서 기다리다 못해 이별을 통보했대요.

6) 부당한 대우를 견디다 못해 집단 소송을 제기했거든요.

5. 2) 신용카드가 있었기에 망정이지 하마터면 돈이 모자라서 망신당할 뻔했어.

3) 서행 운전을 했기에 망정이지 추돌사고로 크게 다칠 뻔했대요.

4) 영수증을 챙겨 놓았기에 망정이지 물건대금을 두 번씩이나 낼 뻔했어요.

5) 소화기가 비치되어 있었기에 망정이지 회사에 큰 불이 날 뻔했습니다.

6) 비상식량을 준비해 놓았기에 망정이지 폭설로 보름 동안 고립되어 굶어 죽을 뻔했어.

6. 2) 미리 식수를 가져갔기에

3) 미리 안전지대로 대피했기에

4) 초기에 방재작업을 했기에

5) 네가 곁에서 도와주었기에

6) 아는 사람을 통해 운 좋게 표를 구했기에

8과 2항

1. 2) 그야말로 3) 마다하지 4) 흔한

5) 한사코 6) 덕목이다 7) 과찬이시라고

8) 안쓰러워　9) 온갖　10) 수발하고
11) 신장은　12) 거동이

2. 2) ⑤⑩　3) ③⑧　4) ⑥⑪　5) ⑦⑫　6) ①⑨

3. 2) 식욕이 없어서 먹는 둥 마는 둥 했다.
3) 정리를 하는 둥 마는 둥 해서 돼지우리 같다.
4) 아내는 회사일이 많아지자 집안일을 하는 둥 마는 둥 거의 신경을 못 쓴다.
5) 늦어서 아이들에게 인사도 하는 둥 마는 둥 하고 밖으로 뛰어 나갔다.
6) 그 의사는 간호사와 이야기를 하느라고 내 말을 듣는 둥 마는 둥 했다.

4. 2) 숙제를 하는
3) 일도 하는
4) 잠을 자는
5) 훈련을 하는
6) 학교에 다니는

5. 2) 용돈이 부족하던
3) 때마침 출출하던
4) 고민하던
5) 다른 곳으로 옮기려던
6) 필요없게 되어 처분하려던

6. 2) 일자리를 알아보던
3) 집을 사야겠다고 생각하던
4) 갈증이 나던
5) 좀 쉬려던
6) 뭔가 보람 있는 일을 하고 싶던

8과 3항

1. 1) ④
2) ①
3) 경쟁이 심해지고 경쟁에서 낙오한 사람들은 무시된다. 날이 갈수록 개인주의가 만연하게 된다.

2. 1) ④
2) ②
3) ②

접두사 연습

1. 헛소문이에요　2. 덧나서　3. 한복판
4. 되돌아가서　5. 맨손으로　6. 군살이
7. 풋사랑이　8. 휘날리며　9. 외톨이로
10. 날고기를

제9과 미래 사회

9과 1항

1. 2) 미세한　3) 반응을　4) 공존할
5) 한정되다　6) 집도하기로　7) 위협이
8) 용도를　9) 입체영상을　10) 절개
11) 원격　12) 봉합　13) 보조
14) 친화적인　15) 거치다

2. 2) 전자상거래　3) 전자결제　4) 원격제어
5) 자동감지　6) 문서처리　7) 능률향상
8) 경비절감　9) 품질향상

3. 2) ② 아무리 배가 고프다손 치더라도 수업시간에 김밥을 먹으면 안 돼요.
3) ① 지금 좀 고생이 된다손 치더라도 미래를 위해서 열심히 일해야 해요.
4) ① 아무리 건강하다손 치더라도 날마다 밤늦게까지 일하면 몸이 어디 견뎌내겠어요?
5) ② 실수로 회사에 손해를 입혔다손 치더라도 그 동안의 실적이 있으니 해고당하지는 않을 거예요.
6) ① 자신들의 주장이 옳다손 치더라도 도로를 점거해서 시위하는 것은 시민들의 지지를 얻기가 어렵겠지요.

4. 2) 손해를 좀 본다손
3) 아무리 큰 잘못을 저질렀다손
4) 아무리 자신이 있다손
5) 아무리 돈이 필요했다손
6) 금융위기가 심각하다손

5. 2) 사용자가 쓰기
3) 부모가 가르치기
4) 정찰제가 아니기 때문에 흥정하기
5) 작품을 보는 사람이 판단하기
6) 인류가 자원과 에너지를 잘 관리하기

6. 2) 노력하기
3) 쓰기

4) 해석하기
5) 다 네가 하기
6) 모든 것은 마음먹기

9과 2항

1. 2) 도태되지 3) 벅차 4) 요구했다
5) 대비해 6) 충실했던 7) 묵묵히
8) 안주하지 9) 회계사가
2. 2) 진취적이며 긍정적인 사고 3) 전문지식
4) 폭넓은 교양 5) 외국어 구사능력 6) 국제 감각
7) 유연성 8) 인간미 9) 창의력
3. 2) 재수, 삼수를 하는 한이 있더라도 연세대학교에 꼭 들어가고 싶어요.
3) 손해를 보는 한이 있더라도 지금으로서는 경쟁사와 손을 잡을 수밖에 없어요.
4) 목숨을 잃는 한이 있더라도 자유를 찾아 국경을 넘겠어요.
5) 배신자라고 손가락질을 당하는 한이 있더라도 제 주장을 굽히지 않겠습니다.
6) 경기 도중에 쓰러지는 한이 있더라도 꼭 출전하겠어요.
4. 2) 밤을 꼬박 새우는
3) 빚을 내는
4) 다 먹고 배탈이 나는
5) 일자리를 잃는
6) 생활비를 줄이는
5. 2) 주름이 없어지는 것은
3) 살이 빠지는 것은
4) 시력이 좋아지는 것은
5) 코가 높아지는 것은
6) 여드름 제거는
6. 2) 사업을 확장하는 건 고사하고 현상 유지도 어려운 형편이에요.
3) 내 집 마련은 고사하고 전세금 걱정만 안 해도 좋겠어요.
4) 나무는 고사하고 꽃 한 송이 심을 땅도 없어.
5) 유산은 고사하고 빚만 잔뜩 물려주셨다는데요.
6) 고맙다는 말은 고사하고 죽게 내비려 두지 왜 그랬냐는 원망만 들었어요.

9과 3항

1. 1) ❹
2) ❹
2. 1) ❸
2) ❷, ❸

접미사 연습

1. 학생답지 2. 거짓말투성이야 3. 울렁거려서
4. 자유롭게 5. 자랑스러워요 6. 구경꾼이
7. 말썽꾸러기 8. 게으름뱅이가 9. 별난
10. 고집쟁이

제10과 진로와 취업

10과 1항

1. 2) 복리후생 3) 조직 4) 까닭은
5) 만만치 않기 6) 도전적인 7) 벤처기업은
8) 눈을 돌리는 9) 중소기업이
2. 2) 구인난 3) 구직자 4) 전문직과
5) 단순직 6) 종사자는 7) 취업정보사이트와
8) 진로정보센터 9) 직업적성검사
3. 2) 알려고
3) 공부를 방해하려고
4) 잡아먹으려고
5) 억지로 열려고
6) 자기주장만 관철시키려고
4. 2) 뭐든지 혼자 다 가지려고
3) 엇나가려고
4) 학교가 싫다고 집에만 있으려고
5) 다른 문화를 존중하지 않고 배척하려고
6) 극단적으로 자신들의 권리와 이익만을 요구하려고
5. 2) 한 작품 한 작품 최선을 다해 연기하노라면
3) 바닷가에 가서 해 지는 장면을 가만히 보노라면
4) 새벽시장에 가서 바쁘게 일하는 사람들을 보노라면
5) 휴대전화에 저장된 부모님의 사진들을 보노라면
6) 저와 관련된 인터넷 기사를 읽노라면
6. 2) 비록 또 떨어졌을 지라도 같은 실수를 되풀이 하지 않으려고 차분히 노력하노라면 반드시 합격할 겁니다.

모범 답안

3) 처음에는 내용이 좀 어렵더라도 여러 번 읽고 또 읽노라면 어느 순간 내용을 이해할 수 있게 될 거예요.
4) 힘들더라도 참고 계속 달리노라면 어느 순간 호흡도 편안해지고 리듬을 타게 됩니다.
5) 주식 투자를 하노라면 이익을 볼 때도 있지만 때로는 적지 않은 손실을 볼 때도 있답니다. 느긋하게 여유를 가지고 기다리노라면 주가가 올라 이익을 볼 날이 올 거예요.
6) 사노라면 생각하지도 못한 일들이 생겨서 당황할 때가 있습니다. 마음을 강하게 먹고 아내와 열심히 투병 생활을 하노라면 암도 이겨낼 수 있지 않을까요?

10과 2항

1. 2) 틀에 박힌 3) 연수 4) 완주했다
   5) 수행하던 6) 입상 7) 패기와
   8) 철인3종 경기는
2. 2) ❷ 3) ❸ 4) ❶ 5) ❹ 6) ❷ 7) ❹
   8) ❸ 9) ❷ 10) ❹ 11) ❸ 12) ❶
3. 2) 조세정책을 조사한 바에 의하면 재산세가 대폭 인상될 거라고 합니다.
   3) 교내 절도사건에 대해서 아는 바가 전혀 없습니다.
   4) 낙방의 슬픔을 경험한 바 있어서 불합격자들의 심정에 충분히 공감해요.
   5) 민수는 내가 만나본 바로는 믿을 만한 사람인 것 같아요.
   6) 지난번에 전화상으로 말씀드린 바와 같이 계약금은 은행으로 입금시켜 주세요.
4. 2) 보건복지가족부에서 조사한
   3) 여기저기 다녀본
   4) 영국에서 청소년 시절을 보낸
   5) 기상학자들이 연구한
   6) 미리 알려드린
5. 2) 결혼해서 구속당하면서 살 바에야 자유롭게 혼자 사는 게 더 나아요.
   3) 대학을 나와서도 취직을 못 할 바에야 차라리 직업전문학교에 가겠어요.
   4) 내다 팔아봤자 인건비도 건지지 못할 바에야 그냥 썩게 내버려두는 게 낫겠어요.
   5) 외국영화를 수입하는 데 거금을 투자할 바에야 그 거액의 일부를 자체 제작에 돌리는 것이 현명한 방법이 아닐까요?
   6) 외국회사에 싼 값으로 팔 바에야 차라리 국제적으로 평가받는 경영인들을 영입하여 그들에게 은행을 맡겨 보겠습니다.
6. 2) 원하는 일자리를 얻을 수 없을
   3) 나 같으면 엄청난 전세값을 낼
   4) 사교육비 부담이 너무 크기 때문에 사교육에 많은 돈을 들일
   5) 하기 싫은 것을 하고 살면서 평생 후회할
   6) 살면서 극심한 고통을 겪을

10과 3항

1. 1) ❷
   2) ❹
2. 1) ❶
   2) ❷
   3) ❷

복습문제(6과~10과)

1. 1) 다방면 2) 반응을 3) 완주하는
   4) 억지로 5) 보조 6) 필연적인
   7) 묵묵히 8) 눈을 돌리고 9) 건립하기
   10) 구태의연한 11) 용도를 12) 기증
   13) 연수를 14) 흔한 15) 위협을
   16) 치명적인 17) 밀림이 18) 장관이어서
2. 1) ❸ 2) ❹ 3) ❷ 4) ❹ 5) ❹
3. 1) ❹ 2) ❹ 3) ❶ 4) ❹ 5) ❸ 6) ❸
   7) ❷ 8) ❸ 9) ❸ 10) ❹ 11) ❶
4. 1) 훼손된 유적은 복구하여 문화유산으로 선정하고 보존에 힘써야 한다.
   2) 손꼽아 기다리던 휴가가 사흘에 불과해서 마음이 씁쓸해요.
   3) 전통적인 난방시설인 온돌은 자연친화적인 특징 때문에 요즘 큰 주목을 받고 있다.

4) 리더십이 있고 창의성이 풍부한 인재들이 중소기업이나 벤처기업을 기피하고 있어요.
5) 직장에서 도태되지 않으려면 현실에 안주하지 말고 직장이 요구하는 인재가 되도록 노력해야 합니다.

5. 1) 운동한답시고 비싼 운동기구만 잔뜩 쌓아놓고 있어요.
2) 다시 한 번 실수하는 날엔 사표 쓸 생각하세요.
3) 영수가 먼저 사과하지 않는 이상 화해할 생각이 없어요.
4) 이 것 저 것 서류를 준비해서 이의 신청을 했건만 받아들여지지 않았어요.
5) 잘 한다는 듯이 자신있게 대답하면 되지 뭐.
6) 불필요한 기능을 없앴다는 점에서 사용이 편리해졌습니다.
7) 발목 부상으로 말미암아 참가하지 못했습니다.
8) 입사시험 성적은 꼴찌인 반면 회사생활에 잘 적응해서 좋은 성과를 냈잖아.
9) 집에서 일찍 출발했기에 망정이지 안 그랬으면 큰 일 날 뻔했어.
10) 하도 시끄럽게 통화하길래 참다 못해 싫은 소리 한 마디 했더니 나랑 눈도 안 맞추려고 하네요.
11) 떨어진다손 치더라도 한 번 시도는 해보려고 해.
12) 용돈이 궁해서 마침 아르바이트를 구하려던 차였는데 잘 됐네요.
13) 저축은 고사하고 학자금 대출 갚느라고 한 달 달 한 달 생활하기도 빠듯한데요.
14) 날건달 같은 너한테 말할 바에야 벽에다 대고 말하는 게 낫겠다.
15) 3급 때 연극대회 사회를 본 바가 있기 때문에 잘 할 수 있을 거예요.

6. 1) ③ 2) ② 3) ③ 4) ① 5) ①

7. 1) 비싼 집세를 낼 바에야
2) 미인의 기준에 대해 조사한 바를 보면
3) 통통하다 못해 터질 것 같은
4) 꾀부리지 말고 지금처럼 열심히 일하노라면
5) 썩는 건 고사하고 많은 양의 오염물질을 발생시켜
6) 오늘 밤을 새운다손 치더라도
7) 집을 파는 한이 있더라도
8) 방학 때 자원봉사를 몇 번 했기에 망정이지
9) 여름은 덥고 습해서 싫다고 하는 반면
10) 전기를 절약한답시고